합리성과 도덕성

도구적 합리성의 한 비판

합리성과 도덕성

도구적 합리성의 한 비판

소병철 지음

서광사

이 저서는 2007년 정부(교육인적자원부)의 재원으로 한국학술진흥재단의 지원을 받아 출판되었음 (KRF-2007-814-A00062).

합리성과 도덕성

도구적 합리성의 한 비판

펴낸이 | 김신혁, 이숙
펴낸곳 | 도서출판 서광사
출판등록일 | 1977. 6. 30.
출판등록번호 | 제 406-2006-000010호

(413-756) 경기도 파주시 교하읍 문발리 534-1
대표전화 (031) 955-4331 팩시밀리 (031) 955-4336
E-mail: phil6161@chol.com
http://www.seokwangsa.co.kr http://www.seokwangsa.kr

제1판 제1쇄 펴낸날 — 2008년 12월 30일

ISBN 978-89-306-2549-4 93190

지은이의 말

이 책은 서구적 현대 문명의 뚜렷한 특징들 중 하나인 도구적 합리성의 부상과 관련된 규범적 · 도덕철학적 문제들을 조명해 보려는 목적으로 쓰인 것이다. 필자가 학부 시절의 전공을 포기하고 철학함의 길로 접어들었던 1990년 이래 도구적 합리성은 다양한 계기와 경로로 필자의 윤리적인 관심을 자극해 왔다. 신자유주의 시대의 노동 환경은 마르크스 시대의 노동 소외를 무색케 할 만큼 거칠지만 합리적인 체계는 그것을 '유연하다' 고 하며, 자본주의의 꽃이라고 하는 마케팅과 광고의 행동주의는 인간을 카드 빚으로 옷이나 사는 소비자로 개조함으로써 이윤을 얻지만 합리적인 체계는 그것을 '소비의 자유' 라고 한다. 무도덕적인 합리성으로 무장한 일부 기업들은 거침없는 극대화 충동으로 우리가 살아가는 생활환경의 건강을 여러모로 위협하고 있고, 자본주의 시장은 남다른 먹성을 과시하며 요람에서 무덤까지의 모든 인생사를 '거래' 의 대상으로 만들어 가고 있다.

필자는 도구적 합리성의 그러한 독점적 지위에 대하여 이의를 제기하고 싶었고, 그것의 권한 행사가 부당하지 않으려면 일정한 규범적 조건이 반드시 충족되어야만 한다는 점을 부각하고 싶었다. 도구적 합리성의 과도한 권리 주장을 비판하여 그 권리의 한계와 조건을 규정하고자 하는 필자의 그러한 관심은 사실상 서구 실천철학의 역사에서 다채로이 전개되어 온 하나의 일관된 전통, 즉 이성 비판을 이성 자체의 소임으로서 전개해 온 '이성적 이성 비판'의 연장선상에 있다. 이 책에서 필자는 도구적 합리성이 행사할 수 있는 정당한 권한과 월권의 경계를 도구성으로 환원되지 않는 규범적인 성격의 합리성 개념에 의거해서 규정하고자 했으며, 그러한 규범적 합리성 개념의 실례들을 시대적 · 계통적으로 상이한 여러 철학자들의 다양한 사유 속에서 재발견하려고 노력했다.

이 책은 2005년 12월에 '도구적 합리성의 규범적 조건에 관한 연구'라는 제목으로 발표했던 필자의 박사학위청구논문에 군데군데 윤문을 가하여 완성한 것이다. 한국학술진흥재단은 박사논문출판지원사업으로 이 논문의 출판을 지원해 주었다. '박사논문'으로서 출판되는 것이니만큼 필자는 여기에 특기할 만한 수정이나 보완을 가하지는 않았고 다만 문맥의 이해를 돕는 데 필요한 한에서 부분적인 윤문만 가했을 뿐이다. 돌이켜 보면 서구적인 현대 문명의 가장 강력한 추진력인 도구적 합리성은 비판적인 분석의 좋은 소재였고, 필자는 짧지 않은 모색과 궁리 끝에 이 논문을 내놓았지만, 이 대단치도 않고 오죽잖은 논문 때문에 심사는 아찔했고 논문은 여러 번 버전을 바꿔야만 했다. 그럼에도 여전히 눈에 띄는 조야한 구성과 엉성한 논변들은 필자를 적잖이 부끄럽게 한다. 이 부끄러움을 해소하는 것은 지금의 필자에게 남겨진 과제이다.

여기에 오기까지 필자에게 도움을 주신 많은 분들께 감사를 드리고 싶다. 제일 먼저, 명절이나 되어야 간신히 낯을 비치는 이 자식이 대학원생임을, 대학 강사임을, 박사임을 진심으로 자랑스러워하셨던 부모님께 그 마음에 턱없이 못 미치는 감사의 뜻이나마 올리고 싶다.

특유의 학문적인 엄격함으로 지적인 긴장의 다산성을 늘 일깨워 주셨던 지도교수 임홍빈 선생님과 김창래, 손병석 선생님을 비롯한 고려대 철학과의 여러 선생님들, 유익한 조언을 아끼지 않으셨던 경인교대의 김종국 선생님과 원광대의 김정현 선생님께도 깊은 감사를 드린다. 처진 어깨를 돌릴 때마다 늘 같은 자리를 지키며 따스한 믿음으로 마음 한편을 채워 주었던 김성한, 최지윤 동학께도 특별한 감사를 바치고 싶다. 어려운 시절을 고스란히, 온몸으로 함께해 준 김기옥과 그녀가 낳아 준 참한 두 딸 아연, 시연에게는 그 어떤 치사도 무색하리라. 그녀들이 행복했으면 한다.

2008년 12월
서울, 수락산 아랫말에서
소병철

목차

약어표

인용을 각주에서 표시할 때 인용의 빈도가 높은 저작들은 두 번째 인용부터 다음의 약어로 표기했음. 저작의 배열은 알파벳순임.

EA: Taylor, Ch., *The Ethics of Authenticity*, Harvard University Press, Cambridge 1992.

EE: Sen, A., *On Ethics and Economics*, Basil Blackwell, Oxford 1992.

GMS: Kant, I., *Grundlegung zur Metaphysik der Sitten*, hrsg. von K. Vorländer, 7. Aufl., Felix Meiner Verlag, Hamburg 1994.

IR: Sen, A., *Inequality Reexamined*, Harvard University Press, Cambridge 1995.

KCMT: Rawls, J., "Kantian Constructivism in Moral Theory", in: *The Journal of Philosophy*, Vol. 77, No. 9, Sep. 1980, 515~72면.

KpV: Kant, I., *Kritik der praktischen Vernunft,* hrsg. von K. Vorländer, 9. Aufl., Felix Meiner Verlag, Hamburg 1929.

MA: Gauthier, D., "Morality and Advantage", *Philosophical Review*, Vol. 76, No. 4, 1967, 460~75면.

MA: Gauthier, D., *Morals by Agreement*, Clarendon Press, Oxford 1986.

MTRB: Harsanyi, J. C., "Morality and the Theory of Rational Behaviour", in: A. Sen & B. Williams(eds.), *Utilitarianism and beyond*, Cambridge University Press, Cambridge 1982, 39~62면.

PL: Rawls, J., *Political Liberalism*, Columbia University Press, New York 1993.

TJ: Rawls, J., *A Theory of Justice*, Revised Edition, The Belknap Press of Har-vard University Press, Cambridge 1999.

I. 들어가는 말

이 글의 목적은 서구적인 현대 문명의 뚜렷한 특징들 중 하나인 도구적 합리성(instrumental rationality)의 부상과 관련된 규범적 문제를 조명(II장)하고, 도구적 합리성의 입지를 더욱 강화해 주고 있는 특정의 도덕철학적 기획들이 과연 이론적인 타당성을 갖는지의 여부를 비판적으로 분석(III, IV장)한 다음, 그러한 분석의 결과를 토대로 도구적 합리성 개념의 독점적인 지위에 대해 이의를 제기하는 한편 도구적 합리성의 정당한 권한 행사를 위한 규범적 조건이 무엇인가를 규명(V장)해 보려는 것이다.

도구적 합리성은 근대 이래로 인간과 인간, 더 나아가서는 인간과 자연 간의 상호 작용을 이끄는 '가치중립적' 지도 원리로서 문명사회 전반에 폭넓은 영향력을 행사해 왔다. 한 예로 우리는 자본주의적 인간의 전형으로 간주되는 경제인, 즉 자기 이익의 극대화를 추구하는 호모 에코노미쿠스(homo economicus)의 경제 행위에서 그러한 도구적 합리성의 현상을 가장 쉽게 목격할 수 있다. 실제로 도구적 합리성의 한 양태인 경제적 합리성은 중세 서구의 종교적, 도덕적, 인륜적 지배 질서로부터 해방된 개인의 독립성>1과 문명의 역동적인 세속화 과정에 힘입어 서구적인 현대의 가장 유력한 합리성 유형으로 자리 잡은 것처럼 보인다. 왜냐하면 현대인의 자아 정체감을 구성하는 가장 중요한 계기는 바로 "자기규정적 인간, 즉 자신이 규정한 이익을 합리적으로, 자유롭게, 그리고 정력적으로 추구하는 인간">2이기 때문이다. 또한 이에 발맞추어 현대의 주류 경제학계에서도 일반적으로 '자기 이익의 극대화(maximization of self-interest)'와 함께 그러한 목표의 달성을 위한 '선택의 내적인 일관성(internal consistency of choice)'을 합리성의 배타적인 기준으로 채택해 온 것이 사실이다.>3

서구적인 근대가 사적인 욕망이나 이기심을 '죄 많은' 혹은 '비이성적인' 인간이 빠지게 되는 나락으로 보기를 거부하면서부터 자기 이익은 인간 행위의 자연스러운 동기로서 긍정되기 시작했다.>4 이에 따라 일체의 종교적, 도덕적, 인륜적 속박으로부터 해방된 경제 행위는 그 어떤 제한도 스스로에게 부과하지 않는 일종의 자기목적적 가치 지표로서 사람들의 삶의 방식에 결정적인 영향력을 행사해

>1 서구 근대 철학의 역사는 그와 같은 독립적 주체성에 대한 근대적 의식의 흔적을 다양한 방식으로 보여 주지만, 그 중에서도 특히 라이프니츠의 단자론은 독립성을 근간으로 하는 개인주의의 고전적인 표현이었다고 해도 과언이 아닐 것이다. 왜냐하면 단자론에서는 저마다 하나의 독자적인 세계를 구축한 개체들, 다시 말해 오직 그 자체의 고유한 본성에 의해서만 규제되는 자족적인 개체들이 발언을 하고 있기 때문이다. 이와 같은 연관에 관한 분석으로는 A. Renaut, *L'individu. Réflexions sur la philosophie du sujet*, Hatier, Paris 1995: 장정아 역, 『개인: 주체철학에 관한 고찰』, 동문선, 서울 2002, 63~71면 참조.

>2 D. Slater, *Consumer Culture and Modernity*, Polity Press, Cambridge 1997, 38면.

>3 이에 관해서는 A. Sen, *On Ethics and Economics*, Basil Blackwell, Oxford 1992, 12~22면 참조. 앞으로는 이 저작을 *EE*로 약칭함.

>4 예컨대 근대적인 인간학의 한 전형을 제시했던 홉스(Thomas Hobbes)에게 있어서 "영속적이고 끊임없는 권력욕"은 "전 인류의 일반적인 성향"으로서 "오직 죽어야만 멈추어지는"(Th. Hobbes, *Leviathan*, Clarendon Press, Oxford 1958, 75면) 어떤 것이다.

왔다. 단적으로 말해서 자기 이익의 극대화를 위해 가장 효율적인 수단을 강구하는 데에만 관심이 있는 현대인에게는 "더 많은 것이 더 적은 것보다 더 가치가 있으며, 더 많이 버는 데 성공한 사람은 더 적게 번 사람보다 더 가치가 있다."[>5] 실제로 사람들은 오늘날 그와 같은 호모 에코노미쿠스로서의 성공을 이른바 자기실현의 이상으로, 더 나아가서는 좋은 삶(good life)의 유일한 가능 조건으로 받아들이는 경향이 있다. 서구적인 현대인의 이와 같은 도구적 합리성은 어떤 의미에서는 이른바 플라톤주의적인 인간 이해의 편협함을 극복한 인간학적 개방성의 표지로 이해될 수도 있다. 또한 우리는 경제 행위의 자유로 나타난 도구적 합리성이 인류에게 선사한 '구원'의 의의를 인정하는 데 인색해서도 안 된다. 왜냐하면 허버트 마르쿠제(Herbert Marcuse)의 말대로 "인간의 자유가 수고롭고 궁핍하고 우둔한 삶 속에서도 꽃필 수 있다"고 누군가가 주장한다면, 이는 분명 "억압적인 자유의 이데올로기"[>6]에 불과할 것이기 때문이다.

그러나 문제는 도구적 합리성이 그와 같은 '구원'의 효과들을 압도할 정도로 심각한 규범적 문제들을 양산하는 데 일조해 온 것처럼 보인다는 점이다. 예컨대 호모 에코노미쿠스의 경제 행위와 결합된 도구적 합리성은 실제로 '경제적 무도덕주의(economic amoralism)'라고 부를 만한, 경제의 탈규범적 자립화 현상에 대해서 책임이 있

>5 A. Gorz, "Ökonomische Rationalität und Lebenswelt", in: A. Honneth(Hrsg.), *Pathologien des Sozialen: Die Aufgaben der Sozialphilosophie*, Fischer Taschenbuch Verlag, Frankfurt am Main 1994, 241면.

>6 H. Marcuse, *Der eindimensionale Mensch: Studien zur Ideologie der fortgeschrittenen Industriegesellschaft*, Herbert Marcuse Schriften, Bd. 7, Suhrkamp Verlag, Frankfurt am Main 1989, 60면.

다는 비난에 종종 직면하게 된다. 오늘날 편재(遍在)하는 삶의 질서가 된 자본주의적 시장은 때때로 우리에게 도덕적인 판단 중지(moral epoche)를 요구하는 것처럼 보인다.>7 시장은 본질적으로 "개인들이 헤로인을 선호하든 매니큐어를 선호하든 오페라 표를 선호하든, 아니면 더 많은 병원을 선호하든 더 많은 핵탄두를 선호하든" 거기에는 별로 개의치 않는다. 환언하면 "현대 사회의 물질적인 부가 취해야 할 형태는 … 사적으로 형성된 개인들의 선호에 의해서 정해지지만, 이 선호 자체에 대해서는 판단을 할 수도 없고 해서도 안 된다">8는 점이야말로 도구적 합리성이 표방하는 '가치중립성'의 논리적인 핵심인 것이다.

그러나 이와 같은 선호의 정당성 여부가 문제의 전부는 아니다. 호모 에코노미쿠스들의 경제 행위와 결합된 도구적 합리성은 '자기 이익의 극대화'라는 목표가 가진 경쟁적인 본성으로 말미암아 그들 사이의 비대칭적인 권력관계를 영구히 확대 재생산할 수도 있다. 만약 그렇게 된다면, 현대인이 그토록 소중히 여겨 왔던 자유는 어느 호모 에코노미쿠스가 다른 호모 에코노미쿠스와 싸워서 얻은 경제적 권력의 기능에 불과한 것이 될 것이다. 다시 말해 자유란 지크문트 바우만(Zigmund Bauman)이 생각했던 대로 일종의 '전리품'이 되고 말 것이다.>9

>7 따라서 예컨대 "문화, 인간관계 및 정치와 같은 특정 영역에 소비주의를 적용하는 것은 부적절하다"거나 "수많은 인간의 욕구들, 예컨대 사회적 인정과 자존에 대한 욕구와 같은 중요한 기본적 욕구들은 소비를 통해서 만족될 수 없다"(O. Höffe, *Sittlich-politische Diskurse: philosophische Grundlagen, politische Ethik, biomedizinische Ethik*, Suhrkamp Verlag, Frankfurt am Main 1981, 95면)는 따위의 항변은 사실상 시장의 전방위적인 위력 앞에서 매우 무기력할 뿐이다.

>8 D. Slater, 앞의 책, 46면.

또한 기업이나 국가와 같은 집단적인 경제 행위의 주체는 생산성이나 효율성과 같은 경제적인 가치 지표를 인격으로서의 인간의 자기규정이나 자기개발과 같은 규범적인 가치 지표보다 더 우위에 둠으로써 생산과 소비의 주체인 인간에게 생산성과 효율성의 극대화라는 집단적인 목표를 무조건적으로 내면화하도록 강요할 수도 있다. 이는 도구적 합리성에 의해서 주도되는 기업이나 국가가 인간의 자율적인 자기실현을 저해하는 '배후의' 메커니즘으로 작용할 수도 있음을 시사한다. 호르크하이머(Max Horkheimer)와 아도르노(Theodor W. Adorno)는 『계몽의 변증법』에서 경제적 합리성에 의해 주도되는 우리의 삶의 질서들이 서구적인 현대성을 긍정해 온 사람들 특유의 자아 정체감, 즉 '자율적인 주체'의 이념을 무력화한다는 점을 인상적인 방식으로 지적한 바 있다. 그들에 따르면 "경제적으로 결정된 전체 사회의 방향"은 "자율적인 존재의 장치로 작용해 온 개인의 기관들을 위축시킨다."[10] 그리고 이러한 결과는 계몽이 인류에게 선사한 '구원'의 감당하기 힘든 대가로 인식된다.

> 산업 사회가 진보하면서 산업 사회 자체가 초래한 빈곤화의 법칙도 감쪽같이 사라졌다고 사람들이 믿게 되자 전체를 정당화해 주던 개념, 즉 인격으로서의

>9 바우만에 따르면 그런 의미에서 "자유는 사회적 관계를, 사회적 조건의 비대칭성을 나타낸다. 본질적으로 자유는 사회적 차이를 뜻한다. 자유는 사회적 분할을 전제하며 내포한다." (Z. Bauman, *Freedom*, Open University Press, Maidenhead 1988: 문성원 역, 『자유』, 이후, 서울 2002, 25면) 또한 그렇기 때문에 "자유는 그 관계의 다른 한 끝이 타율인 어떤 관계의 한 끝이다. 여기서 자유는 그러한 관계에 의해서 산출되며, 동시에 그 관계가 영속되는 중요한 조건이 된다. 자유는 특권이자 권력이다."(같은 책, 56면)

>10 M. Horkheimer u. Th. W. Adorno, *Dialektik der Aufklärung*, Fischer Taschenbuch Verlag, Frankfurt am Main 1980, 182~3면.

인간, 이성의 담지자로서의 인간 개념도 이제는 무익한 것이 되고 말았다.>11

만약 이처럼 이성의 자기결정과 자기입법이 도구적 합리성의 전방위적인 위력 앞에서 무기력할 수밖에 없다면, 우리는 노동과 여가 양면에서, 즉 우리 삶의 모든 영역에서 자율이 아니라 결정론이 점점 인간에 관한 진리가 되고 있다는 사실을 고통스럽게 목도해야 하는 상황에 직면할지도 모른다. 호르크하이머와 아도르노는 이와 같은 가상의 상황을 다음과 같이 현실감 있게 묘사하고 있다.

개인은 더 이상 그때그때 해야 할 일을 결정하느라 양심과 자기보존과 충동의 고통스러운 내적 변증법 속에서 고뇌할 필요가 없다. 위로는 국가의 행정 관청에까지 이르는 조직의 위계질서가 생업에 종사하고 있는 사람을 위해 결정을 내려 줄 뿐만 아니라 사적인 영역에서도 대중문화의 도식이 문화 상품을 소비할 수밖에 없는 소비자들의 마지막 남은 내적 충동들까지 독점적으로 결정한다.>12

필자는 이 글에서 그러한 문제들에 대해 직접적인 사회철학적 처방을 제시하면서 그것을 정당화하려고 하지는 않을 것이다. 필자는 오히려 그보다는 한층 더 근본적인 성격의 이론적 과제를 천착해 보려고 한다. 그 과제란 곧 도구적 합리성의 입지를 더욱더 강화해 주고 있는 도덕철학적 기획들과의 비판적인 대결을 의미하는데, 크게 보아 그것은 두 부분, 즉 도구적 합리성에 기초한 도덕성 개념의 자

>11 같은 곳.

>12 같은 책, 182면.

기모순을 비판적으로 분석하는 부분(III, IV장)과 도구적 이성이 행사할 수 있는 정당한 권한과 월권의 경계를 규정할 수 있는 대안적 합리성 개념의 실례들을 제시하는 부분(V장)으로 구성된다.

필자는 도구적 합리성의 내재적 비판을 통해 도구적 합리성으로 환원되지 않는 규범적 '행위 합리성' 개념의 의의를 부각시키려고 하는 만큼 최근의 사회 이론 내지 체계 이론에서 논의되고 있는 합리성 개념보다는 주로 행위 이론과 윤리학에서 통용되어 왔던 합리성 개념에 논의의 초점을 맞출 것이다. 따라서 오늘날 종종 회자되는 이른바 '체계 합리성'의 문제는 이 글에서 다루어질 수 없음을 미리 밝혀 둬야 하겠다. 필자는 방법론적으로 '합리성'이라는 말의 보수적인 용법을 채택하여 경험적으로 확인할 수 있는 체계의 경향적인 속성으로 이해된 체계 합리성 개념을 가능한 한 논의에서 배제하고 '합리성'이 '이성을 소유한 주체의 성향' 또는 '이성에 합당한 사고나 행위의 속성'으로 정의될 수 있는 개념임을 전제할 것이다.>13

또한 필자는 도구적 합리성으로 환원되지 않는 규범적 합리성 개념을 '창안'하려고 하지도 않을 것이다. 그것은 명백히 필자의 능력 밖의 일이다. 필자는 다만 '이성 비판'이라고 불리는 비교적 일관된 전통의 흐름을 형성해 온 서구 실천 철학의 역사 속에서 그러한 합리성 개념의 실례들을 '발굴'해 보려고 한다. 그것은 가령 임마누엘

>13 허버트 쉬내델바흐(Herbert Schnädelbach)의 비판적인 지적대로 오늘날 '이성'을 운위하는 것은 때때로 정신적인 실체에 관한 모종의 형이상학을 연상케 한다는 점에서 다소 고풍스럽고 시대착오적인 느낌을 주기도 하는 것이 사실이다.(이에 관해서는 H. Schnädelbach, "Einleitung", in: H. Schnädelbach(Hrsg.), *Rationalität: Philosophische Beiträge*, Suhrkamp Verlag, Frankfurt am Main 1984, 8면 참조) 그러나 필자는 통속화된 탈현대론적 경향들에 의해서 광범위하게 유포된 그와 같은 막연한 허무주의적 의식을 논의의 배경이나 출발점으로 삼지는 않을 것이다.

칸트(Immanuel Kant)가 본격적으로, 그리고 체계적으로 전개했던 이성 비판의 의의를 재확인하는 작업이 될 것이며, 그런 한에서 그것은 엄밀히 말해서 '발굴' 보다는 차라리 '재발견' 에 가까운 작업이 될 것이다. 다시 말해 그것은 이성 비판을 이성 자체의 소임으로서 전개해 온 '이성적 이성 비판(vernünftige Vernunftkritik)' 내지 '계몽의 자기계몽(Selbstaufklärung der Aufklärung)' 의 연장선상에서 도구적 합리성의 과도한 권리 주장을 비판하고 그 권리의 한계와 조건을 규명하는 작업이 될 것이다. 그리고 이 작업의 목표는 단적으로 말해서 다음과 같은 물음에 대한 대답을 추구하는 것이다.

> 모든 이성은 전적으로 도구적이며, 지배자의 지배 수단에 불과한 것인가? 만약 비판하는 이성이 비판받아야 할 이성에게 이미 전권을 위임해 버렸다면, 비판하는 이성이 있어야 할 자리는 어디인가?[14]

그러나 필자는 그러한 목표의 달성을 위해 반드시 특정한 하나의 규범윤리적 또는 메타윤리적 입장을 옹호해야만 한다고 생각하지는 않는다. 실천 이성의 반성성(reflectiveness)에 의해서 예증되는 합리성의 규범적 개념은 하나의 단색화가 아니라 일련의 다채로운 스펙트럼으로 나타날 수도 있다. 그렇기 때문에 필자는 논의의 과정에서 실천 이성의 반성성을 예시하는 다양한 철학자들의 생각을 다양한 방식으로 참조할 것이다. 이제 이론적인 과제를 본격적으로 천착하기에 앞서 필자는 하나의 예비적인 고찰로서 II장에서 도구적 합리성은 도대체 어떤 종류의 합리성이며, 어떤 현실적 동역학을 통해 어떤

>14 같은 책, 12면.

규범적 문제를 노정하게 되는가를 구체적으로 분석해 보고자 한다.

II

합리성과 도구적 합리성

1. 합리성의 형식적 개념과 도구적 합리성

'도구적 합리성'이라는 말이 적어도 동어반복적인 표현이 아니라면, 그것은 당연히 도구적이지 않은 합리성의 유형도 존재할 수 있음을 논리적으로 배제하지 않을 것이다. 따라서 우리는 일단 실천적 합리성 일반과 도구적으로 해석된 합리성의 특수한 유형을 구별하여 전자를 이런저런 종류의 합리성 유형들에 논리적으로 선행하는, 또는 그것들에 공통된 합리성의 형식적인 개념으로 상정해 볼 수 있을 것이다.

합리성의 의미를 이해하고 해석하는 방식이나 합리성과 비합리성의 경계를 결정하는 방식들이 다양하다는 점을 감안할 때, 합리성은 그야말로 '의미론적 과부하(semantic overload)'가 실린 개념이라고 해도 과언이 아니다.>1 하지만 그럼에도 우리는 상이한 합리성의 기준들에 공통된 요소를 추출하여 '합리성(rationality)'을 가장 형식적

>1 합리성의 개념은 행위 이론과 윤리학, 과학 이론과 사회 이론, 심리학과 행동과학 등등의 각기 다른 인식 관심에 따라 다양한 편차를 보인다. 칼 아함(Karl Acham)에 따르면 사회과학에만 국한해서 보더라도 합리성 개념과 흔히 결부되는 표상들은 그 목록을 일목요연하게 작성할 수 없을 정도로 다양하다. 대표적인 것만 간추려도 합리성 개념은 "효율성, 수익

인 수준에서 '이성(reason)을 소유한 주체의 성향' 또는 '이성에 합당한 사고나 행위의 속성' 으로 정의해 볼 수 있을 것이다. 문제는 이성에 합당하다는 것이 본질적으로 무엇을 의미하는가 하는 것이다. 필자는 이 문제에 대해 '이유 또는 근거(reason)의 존재' 와 '자율성' 을 합리성 일반의 가장 형식적인 두 가지 요건으로 상정해 보고자 한다. 이와 같은 최소 요건들을 통해 합리성 일반을 정의할 경우 우리는 그와 같은 요건들이 오직 합리성의 도구적인 해석에 의해서만 만족되는 것은 아니라는 사실을 확인할 수 있을 것이다.

합리성의 첫 번째 형식적 요건은 간단히 말해서 어떤 것을 믿거나 행해야만 하는 이유 또는 근거가 있어야 한다는 점이다. 우리가 갖고 있는 욕망, 관심, 경향 등등은 분명 우리의 행위에서 중요한 역할을 수행하지만, 우리가 이성이라고 부르는 지적 능력을 가진 어떤 사람이 어떤 행위를 한다고 할 때 그와 같은 행위의 가장 중요한 특징으로 꼽을 수 있는 것은 그것이 욕망, 관심, 경향 등등의 맹목성에 경도되지 않고 오히려 숙고를 통해 선택된다는 점이다. 이성적인, 즉 합리적인 사람은 어떤 행위를 하고자 할 때 그것을 꼭 해야만 하는지 또는 그것이 과연 할 만한 행위인지의 여부를 검토해 보고 나서야 비로소 행위 여부에 대한 선택을 내린다. 합리성이란 바로 그와 같은 검토와 선택에서 우리를 적절히 안내하는 능력 혹은 자질이라고 말

성, 비용의 최소화, 최대의 이윤; 최적의 결정, 계산, 예측; 노동, 기업, 국민 경제의 효율적인 운영과 조직화; 경제 성장과 기술 진보; 체계의 목표와 관련된 개인적인 능률의 최대화; 개인들의 복지라는 목표를 달성하기 위한 체계의 최적화 또는 개인적인 복지; 사회 복지와 분배 정의; 개인이나 집단의 목표와 행동 방식에 대한 적절한 이해, 즉 그것들에 대한 적절한 인과적, 목적론적 설명 등등"과 결부된다. 이에 관해서는 K. Acham, "Über einige Rationalitätskonzeptionen in den Sozialwissenschaften", in: H. Schnädelbach(Hrsg.), *Rationalität: Philosophische Beiträge*, 32면 참조.

할 수 있을 것이다. 다시 말해 우리는 적어도 합리적이기를 원하는 한 어떤 행위를 할 것인가에 관한 실천적 추론에서 이유가 있는 또는 근거지어진 행위를 선택하기 위해 숙고하며, 합리성은 그와 같은 숙고의 과정에서 어떤 행위를 선택해야만 하는 이유를 제공하는 역할을 한다고 볼 수 있다. 물론 실제로 제시되는 이유, 근거, 증거 등등의 신뢰도는 행위자 자신의 개인적인 특성과 그가 처해 있는 구체적인 상황의 특성에 따라 달라지겠지만, 가장 형식적인 의미에서 합리적이라는 것은 그와 같은 이유나 근거가 존재한다는 것을 의미한다. 따라서 우리는 어떤 이유에 의해서 지지되는 것을 믿을 때 합리적인 사고를 하는 셈이며, 마찬가지로 어떤 이유에 의해서 지지되는 것을 행할 때 합리적인 행위를 하는 셈이다.

물론 우리는 그와 같은 사고와 행위의 이유가 주관적으로 아무렇게나 둘러댈 수 있는 것이어선 안 된다는 점을 반드시 지적해 둬야만 할 것이다. 대부분의 사고와 행위는 인과적인 원인이건 정당화의 근거이건 간에 모종의 변명할 여지를 갖는다는 점에서 모두 그 나름대로의 이유를 갖는다고 볼 수도 있다. 그러나 이유가 있는 선택이라고 해서 모두 다 합리적인 선택이라고 말할 수는 없다. 왜냐하면 합리성에는 반드시 객관성이 수반되어야만 하기 때문이다. 합리적인 사람이 제시하는 사고와 행위의 이유는 (잠재적인) 화자와 (잠재적인) 청자 모두에 의해 받아들여질 수 있는 것이어야만 한다. 다시 말해 이론적인 추론이건 실천적인 추론이건 간에 합리적인 추론은 반드시 상호주관적으로 타당한 추론이어야만 하는 것이다.[>2] 예를 들어 나의

>2 이에 관해서는 P. W. Taylor, *Principles of Ethics*, Dickenson Publishing Company, Inc., Belmont 1975: 김영진 역, 『윤리학의 기본원리』, 서광사, 서울 1985, 282~4면 참조.

선택을 기다리고 있는 다양한 경쟁적 신념들 또는 행위들 중에서 어느 하나를 선택해야만 할 경우에 그와 같은 선택이 합리적일 수 있으려면 그것은 당연히 이유가 있는 선택이어야 하겠지만, 여기에서 한 걸음 더 나아가 나는 그 이유를 고립된 개인의 임의적인 변명으로서가 아니라 가능한 한 많은 사람들이 합당하다고 여길 수 있는 설득의 근거로서 제시할 수 있어야만 한다.

물론 만인을 결정적으로 납득시킬 수 있는, 신념이나 행위의 토대적인(foundational) 근거를 제시하는 것은 불가능한 일일지도 모른다. 하지만 그것이 불가능하다고 해서 우리가 모든 종류의 합리성 주장을 개개인이 결정적인 선택의 순간에 내리게 되어 있는 '실존적인' 결단의 한 계기로 간주할 수 있는 것은 아니다. 그러한 불가능성은 오히려 우리 모두가 예외 없이 보편적인 이성의 요구를 받아들일 수 있을 정도로 충분히 합리적이지는 않다는 사실을 나타내는 것일 뿐이다.>3 그렇다면 우리는 어쨌든 우리의 신념이나 행위의 기초가 되는 "판단은 동일한 상황에서 나와 마찬가지로 판단력을 발휘할 수 있는 사람들의 판단에 견주어 검증되어야만 한다">4고 말할 수 있다. 또한 그런 의미에서 우리는 여전히 객관성과 상호주관적인 타당성을 우리의 신념이나 행위를 뒷받침하는 '이유'의 가장 중요한 요건으로 간주할 수 있다.

>3 합리성 주장을 일종의 실존적인 결단으로 보는 한 입장에 따르면 합리성 주장이란 이유들의 연쇄를 끝없이 거슬러 올라가는 무한 퇴행(infinite regress)에 종지부를 찍기 위한 일종의 실존적 정지 신호(stop-sign)에 다름 아니라고 한다.(이에 관해서는 박이문, 「도덕적 개념으로서의 합리성」, 『철학과 현실』 제16권, 철학문화연구소, 서울 1993, 253~69면 참조) 그러나 이와 같은 주장은 필자가 보기에 합리성을 비합리적인 선택의 한 속성으로 간주함으로써 합리성과 비합리성의 경계를 모호하게 만들 위험이 있다.

>4 H. I. Brown, *Rationality*, Routledge, London & New York 1988, 196면.

신념과 행위의 이유를 상호주관적인 설득의 근거로서 제시할 수 있는 능력은 그 자체가 이미 합리성의 두 번째 형식적 요건인 자율성(autonomy)을 개념적으로 함축하고 있다. 왜냐하면 어떤 신념을 견지해야만 하는 이유나 어떤 행위를 마땅히 해야만 하는 이유를 스스로 발견하려고 하는 사람의 숙고 자체는 명백히 자기결정(self-determination)의 한 실례이기 때문이다. 그런 의미에서 합리성은 이성을 가진 존재의 자율성이 발휘되는 방식이라고도 말할 수 있다.>5 자율성은 분명 인간의 이성을 정의하는 가장 중요한 특성들 중 하나이다. 이성을 가진 인간은 원칙적으로 자신의 사고와 행위의 기준들에 대한 '입법자(legislator)' 이자 '창시자(author)' 로서 자신에게 지워지는 책임의 부담을 감당해야만 한다. 그렇기 때문에 다른 사람들의 부적절한 간섭이나 강요에 의해 어떤 결정을 내린 사람, 맹목적이고 무의식적인 충동의 명령에 따라 행위를 선택한 사람, 개인적인 또는 집단적인 편견을 갖고서 모든 문제에 반사적으로 대응하는 사람은 자율적인 행위자일 수가 없으며, 그런 한에서 합리적인 행위자라고 할 수가 없다. 요컨대 우리는 어떤 행위자의 실천적인 추론과 이에 따른 행위의 선택이 그의 자율적인 판단의 결과일 때에만 그것들을 합리적인 것으로서 승인할 수 있다.

합리성이 이와 같이 가장 형식적인 수준에서 '이유 또는 근거의 존재' 와 '자율성' 에 의해 정의될 수 있다면, 우리는 자율적인 판단에

>5 따라서 '합리적인 사람은 자율적이다' 라는 명제는 다분히 동어반복적인 성격을 갖는다. 우리의 이성이 광범위한 의미에서 자발적인 숙고의 기능으로 이해될 수 있는 한, '합리적' 이라는 속성에는 '자율적' 이라는 속성이 수반된다. 그렇기 때문에 나중에 여기에서 지적한 합리성의 최소 요건들을 다시 환기할 필요가 있을 때 필자는 굳이 이 '자율성' 이라는 요건을 다시 언급하지 않고 '이유 또는 근거의 존재' 라는 요건을 중심으로 논의를 전개하게 될 것이다.

의해 이유가 있는 또는 근거지어진 행위를 선택할 수 있는 모든 사람을 합리적인 행위자라고 부를 수 있을 것이다. 여기에서 특별히 중요한 것은 이유 내지 근거를 어떠한 전망하에서 설정해야 하는가의 문제이다. 왜냐하면 우리가 문제삼으려고 하는 도구적 합리성의 관점에서는 하나의 선택은 행위자가 주관적으로 설정한 목표의 달성에 기여할 것으로 기대되는 한에서만 합리적인 것으로서 승인되기 때문이다. 환언하면 도구적 합리성의 관점에서 어떤 행위가 합리적이라는 것은 그 행위를 해야만 하는 어떤 이유가 존재하되 그 이유란 바로 도구적인 이유, 즉 그 행위가 행위자의 욕망이나 선호에 의해서 결정된 모종의 목표를 달성하게 할 가장 효과적인 수단이라는 점이다.

여기에서 우리는 사회적인 행위에 대한 막스 베버(Max Weber)의 구분 방식, 즉 목적합리적인(zweckrational) 행위와 가치합리적인(wertrational) 행위의 구별이 우리로 하여금 도구적 합리성을 이처럼 유형학적으로 뚜렷이 판별할 수 있게 한 이론사적 배경의 하나라는 점을 반드시 지적해 둬야만 할 것이다. 베버에 따르면 목적합리적인 행위의 특징은 "외부 세계의 대상들과 타인들의 반응을 기대하면서 이 기대를 결과로서 합리적으로 추구되는, 그리고 잘 계산된 특수한 목적을 위한 조건 또는 수단으로 이용"한다는 점이다. 그리고 바로 이 점에서 목적합리적인 행위는 "특정한 행동의 무조건적인 진가 — 윤리적인 진가, 미적인 진가, 종교적인 진가 또는 어떻게든 다르게 해석될 수 있는 진가 — 를 순수하게 그 자체로서, 그리고 결과와는 무관하게 의식적으로 신봉"[6]한다는 점을 특징으로 하는 가치합리적

>6 M. Weber, *Wirtschaft und Gesellschaft: Grundriss der verstehenden Soziologie*, 4. Aufl., J. C. B. Mohr, Tübingen 1956, 12면.

인 행위와 구별된다. 요컨대 목적합리적인 행위에서는 어떤 행위를 해야만 하는 이유가 오직 도구적인 추론에 의해서만 결정되며, 그런 한에서 목적합리적인 행위자는 도구적인 의미에서 합리적인 행위자인 것이다. 이와 같은 합리성 개념에서 행위는 행위자의 욕망에 의해 '주어진' 어떤 목표를 달성하기 위한 수단으로 간주된다. 그렇기 때문에 그 행위의 합리성은 오직 그 행위가 실천적인 '소여'로서의 목표를 가장 효과적으로 달성하게 할 수단인 한에서만 승인된다. 그러나 중요한 것은 여기에서 목표 그 자체의 정당성에 대해서는 그 어떤 관심도 표명되지 않는다는 점이다.

잘 알려진 바와 같이 베버는 이와 같은 목적합리성에 따른 행위양식들이 그가 사회과학적으로 관찰한 서구적 합리화 과정의 최고단계를 구성하고 있다고 보았다. 그리고 그런 의미에서 그는 목적합리성을 합리성 일반의 표준으로 간주했다. 그에 따르면 서구적인 합리화 과정이란 곧 가치중립적인 목적합리성의 적용 범위가 문화와 사회적인 삶의 전 영역으로 확장되어 온 과정이다. 그리고 이와 같은 세계의 '탈마법화(Entzauberung)' 과정의 이면에는 전통적인 가치합리성의 주관화 과정이 자리 잡고 있다. 베버는 가치의 선택을 순전히 '사적인 일(Privatsache)', 즉 개인들의 주관적인 결단의 문제로 치부한다. 그는 행위의 목적들을 선별하기 위한 전제로서 가치합리성의 여지가 존재한다는 것을 인정하면서도 윤리적, 종교적, 미적인 가치평가의 궁극적인 공리들은 상호 불가공약적(inkommensurabel)이며, 그런 한에서 전합리적인(prärational) 혹은 비합리적인(irrational) 믿음의 대상이라고 주장한다. 단적으로 말해서 "우리가 우리의 현존재의 의미를 찾기 위해 의존하는 궁극적인 최고의 가치 이념들의 초경험적인 타당성" 여부는 우리들 각자의 "신앙(Glaube)">7에 맡겨진 사태라는 것이다. 또한 그런 의미에서 오직 주관적이고 상대적인 타당성만을 갖는 상이한 가치들 사이에는 "흡사 신과 악마의 투쟁처럼 화해시키기 어려울 정도의 극단적인 투쟁">8이 존재하며, 따라서 "우리를 가장 강력히 움직이는 최고의 이상들은 항상 그것들이 우리에게 그런 것처럼 다른 사람들에게는 신성한 것으로 여겨지는 다른 이상들과의 투쟁 속에서만 실현된다">9고 한다.

그러나 이로써 베버는 사실상 우리에게 목적합리적인 행위와 가치합리적인 행위로 대별되는 행위의 기술적인 유형학뿐만 아니라 거기에 내포된 가치중립성(Wertneutralität)의 신화까지 함께 물려준 셈이다. 왜냐하면 그에게 있어서 가치합리적인 행위는 단지 개인들의 사적인 신앙의 소치일 뿐인 반면에 목적합리적인 행위는 그와 같은

>7 M. Weber, *Gesammelte Aufsätze zur Wissenschaftslehre*, 2. Aufl., J. C. B. Mohr, Tübingen 1951, 213면.

>8 같은 책, 493면.

>9 같은 책, 154면. 이와 같은 가치의 주관주의는 심지어 사회과학 연구자의 '객관적인' 연구 과정에서도 일정한 역할을 수행한다. 베버에 따르면 그 어떤 연구자도 '무전제(無前提)' 에서 출발하지는 않는다. 모든 연구자는 연구의 대상이 될 소재를 선택하고 그 소재에 적용될 인과적인 연관의 범위를 확정하기 위한 연구의 지도 원리로서 자신의 고유한 '가치 관계(Wertbeziehung)' 를 이미 항상 전제해야만 한다. 이때 가치 관계란 곧 "가치 이념에 의해 제약된 우리의 관심"(같은 책, 175면) 혹은 "경험적인 연구 대상의 선별과 형성을 지배하는 특수한 과학적 관심"(같은 책, 497면)을 말하는 것이다. 말하자면 가치 관계란 연구자의 가치 이념에 의해 형성된 특수한 인식 관심이나 해석학적인 선이해(先理解)를 의미하며, 그런 한에서 그것은 연구자의 주관적인 가치 관점(Wertgesichtspunkt)이나 태도(Stellung)를 나타내는 술어이다. 그러나 동시에 베버는 연구에 동원되는 개념적 보조 수단들이 아무리 연구자의 주관적인 가치 이념에 따라 선택되었다고 해도 "그것들[개념적 보조 수단들]의 사용 방식에 있어서는 연구자는 말할 것도 없이 항상 우리의 사유의 규범에 구속될"(같은 책, 184면) 수밖에 없으므로 그와 같은 가치의 주관주의는 사회과학의 '객관성', 즉 가치중립성에 대한 요청과 양립할 수 있다고 보는 듯하다. 이렇게 볼 때 가치 관계는 결국 한정된 범위 내에서의 객관적인 지식을 가능케 하는, 사회과학적 인식의 주관적인 계기인 셈이다.

가치 평가의 자의(恣意)에 내맡겨지지 않는 객관적 타당성을 확보한 것처럼 보이며, 따라서 객관적으로 혹은 상호주관적으로 승인될 수 있는 합리성 유형은 오직 목적합리성뿐인 것처럼 보이기 때문이다.>10

그러나 이와 같은 가치들의 "다신교(Polytheismus)">11는 가치의 정당성 여부를 판정하는 보편적인 실천 이성의 가능성을 애초부터 배제한다. 그리고 그와 같은 출발선상에서는 행위의 목표가 이미 주어져 있다고 가정한 상태에서 오직 그에 대한 합목적성만이 구속력 있는 행위의 이유로 부각될 수밖에 없다.>12 결국 목적합리적인 행위, 즉 도구적인 의미에서 합리적인 행위란 행위자가 욕망하는 효용이나 기대 효용의 극대화에 어떻게든 하나의 효과적인 수단으로서 기여하는 행위인 셈이다. 이와 같은 도구성(instrumentality)을 합리성의 유일한 핵심으로 보는 관점에서는 우리의 이성은 우리의 욕망의 자의에 의해서 설정된 목적의 달성에 효과적으로 기여할 수단을

>10 칼-오토 아펠(Karl-Otto Apel)은 베버의 유형학이 함축하고 있는 이와 같은 합리성의 위계질서를 "과학주의-실용주의와 비합리주의적인 실존주의의 상호 보완 체제"(K.-O. Apel, "Lässt sich ethische Vernunft von strategischer Zweckrationalität unterscheiden? Zum Problem der Rationalität sozialer Kommunikation und Interaktion", in: W. v. Reijen u. K.-O. Apel, *Rationales Handeln und Gesellschaftstheorie*, Germinal Verlag, Bochum 1984, 29면) 혹은 "과학의 가치중립적인 객관주의"와 "종교적인 신앙 행위 및 윤리적인 결단의 실존적인 주관주의"(K.-O. Apel, *Transformation der Philosophie*, Bd. 2, Suhrkamp Verlag, Frankfurt am Main 1973, 370면) 사이의 상호 보완 체제라고 부르면서, 상호주관적인 규범적 합리성의 반성적인 최후 정초를 통해 그러한 이분법과 그것에 기초한 현대의 탈현대론적 경향들의 가치허무주의를 극복하려고 한다.

>11 M. Weber, 앞의 책, 587면.

>12 이와 같은 도구적 합리성 개념의 독점적 권한에 대한 경제학계 일각의 자기비판적인 분석으로는 *EE*, 12~22면 참조.

탐색하고 선별하는 데에는 탁월한 도구적 효능을 발휘할 수 있지만, 목적 그 자체를 설정하는 과정에서는 담당할 역할이 전혀 없는 능력으로 간주된다.

이와 같은 합리성의 도구적인 개념은 확실히 '단순성(simplicity)'이라는 탁월한 장점을 갖는다. 합리성을 그렇게 이해할 경우 우리는 공연한 가외의 이론적 부담을 지지 않고 오직 우리의 행위의 직접적이고 자연적인 동기에만 충실함으로써 우리의 상식에 부합하는 규범이론을 만들어 낼 수 있을 것 같은 인상을 받게 된다. 다시 말해 우리의 행위의 규범들이 우리의 선호나 욕망과 같은 자연적 현상으로 환원될 수 있고, 따라서 우리의 선호나 욕망에 의해서 결정된 목표를 달성시켜 줄 것으로 기대되는 한, 사람들은 합리성의 도구적인 개념에 반대할 이유가 전혀 없다고 생각할 수도 있다. Ⅲ장에서 검토하게 되겠지만 가령 도덕성을 도구적 합리성에 의거해서 정당화하려고 하는 데이비드 고티에(David Gauthier)는 그러한 관점에서 오직 인간행위의 동기에 관한 최소한의 가정만으로 구성된 합리성 개념, 즉 규범적인 군더더기가 모두 제거된 도구적 합리성 개념만이 순환적이지 않은 방식으로 도덕성의 기초를 제공할 수 있다고 주장한다.

이와 같은 주장의 밑바탕에는 최소한의 가정에 의해서 유지되는 단순성이 최고의 이론적 미덕이라는 생각이 깔려 있다. 그리고 이러한 생각은 물론 최소한의 가정만을 투입하여 최대한의 설명력과 예측력을 산출하고자 하는 '이론의 경제학'에 대한 신앙의 소치로 이해될 수도 있지만, 그보다는 우선 '덜 가정할수록 더 잘 받아들여질 것'이라는 전략적 계산의 소치인 것처럼 보인다. 다시 말해 논쟁의 여지가 많은 규범적 해석을 가능한 한 배제하고 최소한의 무도덕적인(amoral)>13 가정만으로 합리성을 정의할 경우, 그러한 정의는 논쟁의 여지를 최소화할 수 있으리라는 계산이 단순성을 추구하는 이론적 태도의 근저에 놓여 있는 것이다.

그러나 그와 같은 계산은 계산 자체로서는 탁월하지만 진리라고 불리는 객관적 사태에 다가가기 위한 이론적 태도로서는 적절한 것이 아닐 수도 있다. 왜냐하면 도구적이고 무도덕적인 가정만으로 인간의 이성을 정의하는 것은 원하지 않는 논쟁에 휘말리지 않기 위한 이론적 전략으로서는 효과적일 수 있지만, 인간의 이성이라는 복잡한 사태를 다각도로 이해하고 전체적으로 조망하는 데에는 오히려 방해가 될 수도 있기 때문이다. 이와 같은 관점에서 우리가 최소한의 가정에 기초한 합리성의 도구적인 개념에 대해 우선적으로 말할 수 있는 것은 단순성이 결코 독자적인 이론적 미덕일 수는 없다는 점이다. 단적으로 말해서 "합리성의 개념과 관련하여 문제가 되는 것은 그것이 얼마나 적게 가정하느냐 라기보다는 그것이 이성에 의해 행해지는 우리의 행위를 얼마나 적절하게 설명하느냐"[>14]인 것이다. 만약 우리가 단순성을 위해 우리가 이해하고자 하는 모든 개념에 '오컴의 면도날(Ockham's razor)'을 들이대야 한다면, 우리는 모든 종류의 환원주의를 가장 탁월한 이론 모델로 평가해야 한다는 다소 이상한 결론에 도달하게 될 것이다.

>**13** 'amoral'은 '도덕과 관계없는'이라는 뜻의 술어이므로 '도덕 외적'이라는 번역어로 옮기는 것이 적절할 수도 있으나, 앞에서 '무도덕주의'라고 번역했던 'amoralism'이라는 술어와의 일관성을 유지하기 위해 필자는 편의상 '무도덕적'이라는 번역어를 사용했다.

>**14** 노영란, 『도덕성의 합리적 이해』, 철학과현실사, 서울 2002, 130면.

2. 도구적 합리성의 현실적 동역학

이제 우리는 도구적 합리성이 표방하는 가치중립성의 자기모순적인 동역학 한 가지를 지적할 수 있는 지점에 도달했다. 행위의 목표를 가치중립적인 것으로 간주하는 태도는 우리로 하여금 행위의 가장 직접적이고 자연적인 동기인 '자기 이익의 극대화'에 대한 욕망을 그 자체로서 승인하게 하는 경향이 있다. 도구적 합리성은 이와 같이 '자기 이익의 극대화'라는 경제 행위의 목표와 쉽게 결합됨으로써 그 자체가 표방하는 가치중립성을 스스로 허물어뜨린다. 다시 말해 도구적 합리성은 '자기 이익의 극대화'라는 '주어진' 목표를 효과적으로 달성하기 위한 최적의 수단적 조건으로서 '선택의 내적인 일관성'을 행위자에게 요구하는, 경제 행위의 지도 원리로 쉽게 탈바꿈한다. 바로 그런 의미에서 "경제적 합리성의 능동적 주체인 경제인[호모 에코노미쿠스]은 스스로 세운 목적의 달성을 위한 수단의 선택에 최선을 다하기 때문에 그의 행위는 도구적 합리성, 곧 목적합리성으로 설명될 수 있는 전형적인 예"[>15]인 것이다.

그런데 도구적 합리성에 의해 인도되는 경제 행위의 주체, 즉 호모 에코노미쿠스는 배타적으로 자기 이익의 극대화를 추구하는 개인일 수도 있고, 노동조합이나 기업, 더 나아가서는 국가나 국가연합처럼 합의를 통해서 도출된 공동의 경제적 목적과 이해관계에 따라 구성원들의 행위를 내부적으로 조정하는 집단일 수도 있다. 그런 의미에서 경제 행위와 결합된 도구적 합리성은 원자화된 개인들의

>15 박홍기, 「중용의 합리성과 경제적 합리성」, 장승구, 윤형식, 김석수, 정해창, 박홍기, 『중용의 덕과 합리성』, 청계출판사, 서울 2004, 274면.

지향인 동시에 그런 개인들로 구성된 집단의 프로그램이기도 하다. 따라서 도구적 합리성은 한편으로는 자기 이익의 극대화를 위해 서로 경쟁을 벌이는 개인들의 행위 규범으로, 다른 한편으로는 경제 성장이라는 목표에 대한 어떤 집단의 조직적인 최적화 경향으로 나타난다. 어쨌든 이 모든 경우에 욕망의 중심으로 이해된 개인적인 혹은 집단적인 행위 주체에게 도구적 합리성이 요구하는 바는 바로 자기 이익을 극대화하기에 가장 적합한 일련의 수단들을 용의주도하게 선택하라는 것이다. 그리고 이 모든 경우에 '자기 이익의 극대화' 라는 목표는 이미 '주어진' 것이다. 그것은 도구적 합리성의 출발선이며, 그 출발선상에서 문제가 되는 것은 오직 그러한 목표의 달성을 위한 전략적 고려뿐이다.>16 최적의 수단에 대한 전략적 고려 이외의 모든 가치 판단은 '자기 이익의 극대화' 라는 경제적 목적에 대해 외생적인(exogenous) 것일 뿐이다. 왜냐하면 도구적 합리성에 있어 행위의 목적 자체는 합리적이지도 불합리하지도 않기 때문이다.

>16 물론 원칙적으로는 '도구적 합리성' 과 '전략적 합리성' 이 동일한 개념이라고 할 수는 없다. 왜냐하면 도구적 합리성은 행위 주체들의 복잡한 상호성(Reziprozität)을 반드시 전제하지는 않으며, 따라서 게임 이론의 견지에서는 이른바 '1인 게임' 의 지도 원리로 나타날 수도 있기 때문이다. 그러나 '자기 이익의 극대화' 라는 목표들이 상호 교차하고 갈등하는 사회적 상호작용의 맥락에서는 목적합리적인 행위들의 상호성이 고려될 수밖에 없으며, 이에 따라 '자기 이익의 극대화' 는 수학적인 합리적 선택 이론(theory of rational choice) 내지 결단 이론(decision theory)에 의해 규명될 수 있는 전략적 게임이 된다. 아펠은 바로 그런 의미에서 전략적 합리성을 도구적이고 기술적인 목적합리성의 '사회적인' 확장으로 이해한다.(이에 관해서는 K.-O. Apel, "Lässt sich ethische Vernunft von strategischer Zweckrationalität unterscheiden? Zum Problem der Rationalität sozialer Kommunikation und Interaktion", 27~8면 참조) 그렇다면 사회적인 상호작용의 맥락에서는 '도구적 합리성' 과 '전략적 합리성' 이 거의 동일한 사태를 나타내는 개념들이라고 보아도 무방할 것이다.

> [도구적 합리성에 있어] '합리적' 이라는 용어는 결코 행위자의 목적에 적용되지 않고 오직 그의 수단에만 적용된다. 이는 그 용어가 '효율적인' 이라는 뜻으로, 즉 '주어진 투입량에 대하여 산출량을 최대화하거나 주어진 산출량에 대하여 투입량을 최소화하는' 이라는 뜻으로 정의되기 때문이다.>17

이렇게 볼 때 우리는 도구적 합리성의 개념, 즉 수단의 효율성과 최적성에 대한 표상 속에 이미 경제적 합리성의 개념이 내포되어 있다고 말할 수 있다. 찰스 테일러(Charles Taylor)는 그와 같은 도구적 합리성과 경제 행위의 본래적인 친화성을 보다 뚜렷이 부각시키고 있다.>18 그에 따르면 도구적 합리성은 "주어진 목적을 위한 수단의 가장 경제적인 이용법을 계산할 때 의지하게 되는 그런 종류의 합리성을 뜻한다"는 점에서, 그리고 "최대의 효율, 최선의 비용-산출량의 비율이 곧 도구적 이성의 성공 여부를 판단하는 척도"라는 점에서 자기 이익의 극대화를 꾀하는 경제 행위와 본래적으로 친화할 수밖에 없다. 또한 그는 오늘날 도구적 이성의 지배가 어떤 광범위한 집단적 공포를 초래하고 있다고 주장하는데, 그것은 우리가 그와 같은 경제적 척도에 의해서만 주도되는 삶의 일차원성을 상상할 때 떠올리게 되는 그러한 공포이다.

> 그것은 다른 기준들에 의해 결정되어야 할 사안들이 효율성이나 '손익' 분석의

>17 A. Downs, *An Economic Theory of Democracy*, HarperCollins Publishers, New York 1957, 5면.

>18 그는 『진정성의 윤리』에서 원자화된 개인들의 무도덕성과 그로 인한 정치적 통제의 일상화, 그리고 도구적 합리성의 득세를 현대성의 세 가지 불안 요인으로 지목하고 있다. 이에 관해서는 Ch. Taylor, *The Ethics of Authenticity*, Harvard University Press, Cambridge 1992, 1~12면 참조. 앞으로는 이 저작을 *EA*로 약칭함.

> 관점에서 결정되지 않을까 하는 두려움, 다시 말해 우리의 삶을 인도해 나가야 할 독자적인 목표들이 산출량을 최대화하라는 요구에 의해 가려지게 되지나 않을까 하는 두려움이다.>19

우리는 호모 에코노미쿠스의 경제 행위와 결합된 도구적 합리성의 현실적인 동역학을 그 문제성과 함께 분석해 봄으로써 그와 같은 두려움의 실체를 확인할 수 있을 것이다.>20 한 예를 들어 그 어떤 조건에도 구애됨이 없이 오직 '자기 이익의 극대화'라는 목표를 달성하는 데에만 진력하는 어떤 기업이 있다고 하자. 그러한 기업을 경영하는 사람의 도구적 합리성은 무엇보다도 수치로 계량할 수 있는 효율을 가능한 한 극대화하려는 경향으로 나타날 것이다. 이때 효율의 지표는 물론 이윤율이고, 이윤율은 궁극적으로 노동생산성에 의존한다. 그렇다면 이 기업의 도구적 합리성은 노동자에게 '생산성과 효율성의 극대화'라는 기능주의적 목표를 노동의 유일한 규범으로서 부과하게 되며, 이에 따라 자율의 권한을 가진 인격으로서의 노동자는 부정될 가능성이 크다고 말할 수 있다.

요컨대 오직 도구적인 의미에서만 합리적인 기업은 기업의 사회적인 책임이나 기업이 추구하는 목표의 우선순위 또는 직무의 배분 및 수행 방식에 대한 의사결정에 하나의 주체로서 참여할 수 있는

>19 *EA*, 5면.

>20 여기에서 필자의 의도는 도구적 합리성 개념의 독점적인 지위에 대해 이의를 제기하려는 것이기 때문에 필자는 방법론적으로 도구적 합리성이 우리의 삶의 유일한 지도 원리로서 관철될 경우에 야기될 수도 있는 중대한 규범적 문제들을 부각시키는 데 논의의 초점을 맞출 것이다. 이를 위해 필자는 '전략적으로' 그러한 필자의 의도에 부합하는 예들, 즉 도구적 합리성의 심각한 규범적 문제성을 보여 주는 예들을 채택하여 그것을 중심으로 도구적 합리성의 작용 방식을 서술할 것이다.

권리를 노동자에게 허락할 수 없다. 왜냐하면 앙드레 고르(André Gorz)의 말대로 "행위들은 생산성의 극대화를 목표로 삼는 한에서 경제적으로 합리적"이지만, 그와 같은 목표가 달성되기 위해서는 우선 생산의 장해물인 인격이 배제되어야만 하기 때문이다. 다시 말해 "생산성은 노동자의 개인적인 특성으로부터 분리되어야 하며, 계산과 측정이 가능한 양(量)으로 표현되어야만" 하는 것이다.>21 도구적 합리성은 이와 같이 생산성의 무한한 성장을 일종의 '선험적인' 자기목적으로 격상시키는 대신에 노동하는 인간을 효율적인 생산의 수단적인 요소로 전락시킨다. 그렇기 때문에 도구적인 의미에서 철저히 합리적인 기업은 이른바 '관리되는' 노동, 지성과 창의력과 책임능력을 발휘할 수 없는 타율적인 노동, 단말마적인 생존의 몸부림으로 전락해 버린 노동을 더 이상 가엾이 여기지 않는다.

칼 마르크스(Karl Marx)는 이미 19세기에 그와 같은 억압적인 노동 현실을 이른바 '노동의 소외'라는 분석의 틀로써 고발한 바 있다. 그에게 있어 자본주의 산업사회의 노동은 소위 '인간적인 생산'의 규범적인 기준들과는 거리가 먼 것이었다. 그것은 더 이상 "개성적인 삶의 표현을 향유"할 수 있게 해 주는 자기실현의 기회도 아니었고, 노동자의 "공동체적 존재(Gemeinwesen)를 확인하고 실현"할 수 있게 해 주는 사회적 연대와 상호작용의 매개도 아니었다.>22 그에게 있어서 자본주의적 노동은 "노동자에게 외적인 것이다. 다시 말해 노동은 노동자의 본질에 속하지 않는다." 그리고 이와 같이 노동자로

>21 A. Gorz, "New Agenda", in: *New Left Review*, No. 184, 1990, 38면.

>22 이와 같은 노동의 규범적인 기준들에 관해서는 K. Marx, "Auszüge aus Mills "Élémens d' économie politique"", in: Marx-Engels Werke, Bd. 40, Dietz Verlag, Berlin 1985, 462면 참조.

하여금 "자기 상실을 느끼게(fühlt sich außer sich)" 하는 노동은 자발적인 활동이 아닌 한에서 일종의 "강제 노동"이며, 생물학적인 자기 보존본능의 압박만 없다면 가급적 피하고 싶은 "페스트"와 같은 것으로 경험된다.>23

마르크스는 이와 같은 이상주의적인 노동의 인간학을 경험적인 통찰과 결합함으로써 자본주의적 산업 속에서 관철되는 도구적 합리성의 현실적인 동역학을 보다 구체적으로 기술하고 있다. 그의 요지는 소외된 노동이 자본가의 이익을 극대화하는 데 있어서 그 무엇과도 비교할 수 없는 도구적 효용을 갖는다는 것이다. 그에 따르면 단순 협업에서 시작하여 매뉴팩처 단계를 지나 대공업에서 완성되는 노동 분업의 발달 과정은 "지식과 통찰력과 의지"와 같은 "생산의 정신적인 잠재력들"을 점점 더 자본에 집중시킴으로써 "부분노동자들(Teilarbeiter)"의 탈숙련화와 정신적인 불구화를 초래한다.>24 이러한 노동 과정과 정신의 분리는 물론 산업의 우연한 결과가 아니라 그것의 필수적인 전제조건이다. 다시 말해 "무지는 미신의 어머니일 뿐만 아니라 산업의 어머니이기도 하다. 숙고와 상상력은 오류에 빠지기 쉽지만, 손발을 움직이는 습관은 숙고와 상상력 중 그 어느 것에도 의존하지 않는다. 그러므로 매뉴팩처는 인간이 정신을 쓸 필요가 거의 없어서 작업장이 인간을 부품으로 하는 하나의 기계로 간주될 수 있을 때에 가장 번창한다.">25 이와 같이 노동자들로부터 유리된

>23 "노동의 낯선 성격(Fremdheit)은 신체적인 강제나 그 밖의 강제가 사라지자마자 노동이 마치 페스트라도 되는 양 회피된다는 사실에서 순수하게 드러난다."(K. Marx, *Ökonomisch-philosophische Manuskripte aus dem Jahre 1844*, in: Marx-Engels Werke, Bd. 40, Dietz Verlag, Berlin 1985, 514면)

>24 K. Marx, *Das Kapital: Kritik der politischen Ökonomie*, Marx-Engels Werke, Bd. 23, Dietz Verlag, Berlin 1987, 382면.

정신적 잠재력들이 외부에서 그들에게 부과되는 작업 매뉴얼로 구체화될 때 노동은 파편화된 기계적 동작들을 반복하는 기능으로 그 의미가 축소될 수밖에 없다.

그런데 문제는 이와 같은 단순반복노동이 서구 산업혁명기의 유물로만 치부될 수는 없다는 점에 있다. 소위 '구상과 실행의 분리'를 근간으로 하는 테일러주의(Taylorism)의 노동 조직 원리>26와 그것의 기술적인 응용이라 할 수 있는 포드주의(Fordism)의 분업 원리로 인해 산업은 마르크스의 시대 이후로도 파편화된 기계적 노동 형식과 관료주의적 조직 체계에 대한 항의에 줄곧 직면해 왔다. 테일러주의가 대표하는 이른바 '과학적 관리(scientific management)'의 기획에서는 인간의 노동력이 오직 낭비되어선 안 될 생산의 요소로서만, 즉 '과학적'으로 '관리'되어야 할 도구로서만 다루어진다. 따라서 예컨대 컨베이어와 같은 기술적 설비에 의해 체계적으로 관리되는 노동자는 다른 사람들이 결정한 수단과 절차에 따라 다른 사람들이 결정한 목표를 맹목적으로 추구할 수밖에 없다. 만약 이처럼 산업사회의 대다수 노동자들이 "컨베이어 벨트 작업이나 천공기로 카드에 구멍을 뚫는 작업 또는 자동화된 검사 작업의 경우처럼 특정한 작업 계열 내에서 미리 주어진 동작을 수행하기 위해 고용된다">27는 것이 사실

>25 K. Marx, 같은 책, 383면.

>26 정신과 육체, 머리와 손의 분리를 상징하는 '구상과 실행의 분리'가 자본주의적 노동 조직을 특징짓는 개념으로 통용되기 시작한 것은 해리 브레이버맨(Harry Braverman)이 자본주의적 노동 과정과 그 속에 숨어 있는 지배 관계를 체계적으로 분석한 뒤부터이다. 이에 관해서는 H. Braverman, *Labor and Monopoly Capital: The Degradation of Work in the Twentieth Century*, Monthly Review Press, New York & London 1974: 이한주, 강남훈 역, 『노동과 독점자본: 20세기에서의 노동의 쇠퇴』, 까치, 서울 1998, 81~124면 참조.

>27 A. Schwartz, "Sinnvolle Arbeit", in: A. Honneth(Hrsg.), *Pathologien des Sozialen:*

이라면, 노동자들에게는 모든 것이 미리 주어져 있지만 그 자신의 지성이나 창의나 책임 능력을 발휘할 기회는 전혀 주어져 있지 않은 셈이다. 마르쿠제는 소위 '노동으로부터의 해방'에 대한 다소 유토피아주의적인 열정을 갖고서 자본주의적 기술공학에 응축된 그와 같은 지배 관계의 일차원성을 다음과 같이 고발하고 있다.

> 노동의 기계화와 합리화는 기계에 표준적으로 순응하고 한 치도 틀림이 없이 복종하는 행동 양식을 만들어 냈다. 기계는 자율성과 자발성보다는 오히려 적응과 즉각적인 반응을 요구한다. … 자율성과 자발성은 기존 생산 기구 내에서 유용성과 작업 능률의 차원에 국한된다. 지적인 노력은 기술자들과 전문가들과 관리들의 과제가 된다.>28

이렇게 볼 때 과학적으로 관리되는 노동자는 더 이상 '인격'이 아니라 '기능'이다. 그렇기 때문에 우리는 현대의 조립 라인에서 마르크스가 분석한 소외된 노동의 흔적을 재발견하게 된다.>29 하지만

Die Aufgaben der Sozialphilosophie, 140면.

>28 H. Marcuse, *Die Gesellschaftslehre des sowjetischen Marxismus*, Herbert Marcuse Schriften, Bd. 6, Suhrkamp Verlag, Frankfurt am Main 1989, 92면.

>29 그런데 이른바 '탈산업사회(post-industrial society)'의 견인차로 지목되는 정보통신기술 등의 첨단 기술공학은 일견 고도의 숙련과 책임을, 더 나아가서는 자율을 노동자에게 요구하는 것처럼 보인다. 심지어 컴퓨터와 같은 상용화된 설비는 구상과 실행의 분리를 지양함으로써 장인 노동의 부활을 선도할 탈산업사회의 총아로 간주되기도 한다. (이에 관해서는 M. J. Piore & C. F. Sable, *The Second Industrial Divide: Possibilities for Prosperity*, Basic Books, New York 1984, 261면 참조) 그러나 '자기 이익의 극대화'라는 목표와 그것의 달성을 위한 도구적 합리성이 여전히 독점적인 지위를 누리고 있는 한, 그러한 낙관적 가정은 의심스러울 수밖에 없다. 고르는 그와 같은 전문기술직 종사자의 자율이 사실상 일종의 '통제된 자율'임을 적실히 포착하고 있다. 그에 따르면 "전문적인 훈련은 여러 가지 능력들을 발전시키지만,

그럼에도 인격으로서의 노동자의 자율성에 대한 요구는 가치중립적이어야 할 도구적 합리성에 대한 부당한 규범적 개입으로 폄훼되는 경향이 있다. 예컨대 한 윤리학 사전의 '노동' 항목을 보면 노동은 다음과 같이 일체의 규범적 요구와 무관한 생산 기능으로만 설명되고 있다.

> 철학자들은 종종 의미 있는 노동의 가능성을 자율이나 자기실현과 같은 규범적 가치들과 결부시킨다. 그러나 이런 시각은 개별적인 장인들과 동업조합이 존재했던 옛날에나 어울릴 것 같다. 따라서 그것은 시대착오적이고 감상적인 시각일 것이다. 또한 더 높은 생산성이 노동 재설계의 채택과 작업장 민주화의 증진을 위한 충분조건은 아닐지 모르나 그 필요조건임이 분명하다면, 이 문제는 노동자들의 '권리'나 자율 및 만족 같은 문제와는 아무 관계도 없다.>30

노동이 이와 같이 오직 기업의 이익을 극대화하는 데 이용될 수 있는 생산적 기능으로만 이해될 때 우리가 노동으로부터 기대할 수 있고 또 기대해야만 하는 것은 당연히 높은 생산성이나 효율성과 같은 그것의 도구적 효능뿐일 것이다. 따라서 오직 도구적인 의미에서만 합리적인 기업은 결국 인격으로서의 노동자의 자율성을 심각히

노동 속에서는 그것들이 결코 충분히 발휘되지 않는다. 일을 하려면 책임감과 독립심이 필요할 수도 있지만, 최종 목표는 항상 미리 결정된 기능을 수행하는 데 있다. 다시 말해 일을 할 때 요구되는 것은 '타율 내에서의 자율(autonomy within heteronomy)'인 것이다."(A. Gorz, "New Agenda", 40면) 이렇게 볼 때 오직 생산 기구의 도구적 합리성을 제고하기 위해서만 지성과 창의와 책임 능력을 발휘하는 정보노동자는 엄밀히 말해서 자율적인 인격이라기보다는 차라리 '자기 자신의 주인이 된 노예'라고 해야 옳을 것이다.

>30 D. C. Raymond, "Work", in: L. C. Becker and Ch. B. Becker(eds.), *Encyclopedia of Ethics*, Vol. 3, Routledge, New York & London 2001, 1830면.

위협하게 될 것이다.

그런데 문제는 그러한 도구적 합리성의 동역학이 마르크스의 시대와는 달리 이제는 소비의 영역에서까지 관철되는 경향이 있다는 점이다. 마르크스 시대의 프롤레타리아에게 있어서 노동의 인간학은 단적으로 말해서 생물학이었다. 다시 말해 프롤레타리아의 노동은 단순한 호구지책이었다. 마르크스의 분석은 그런 의미에서 자율을 생존과 교환해야만 했던 프롤레타리아의 삶의 참상에 대한 생생한 보고였다고 말할 수 있다. 그에 따르면 소외된 "인간(노동자)은 먹고 마시고 생식하는 등의 동물적인 기능에서만, 아니면 기껏해야 집이나 옷차림 따위에서만 자신이 자유롭게 활동하고 있다는 느낌을 가지며, 인간적인 기능에서는 자신을 동물로 느낄 뿐이다."[>31] 다시 말해 "12시간 동안 천을 짜고 실을 잣고 구멍을 뚫고 선반을 돌리고 집을 짓고 삽질을 하고 돌을 깨고 짐을 나르는 노동자"에게 노동은 "생존을 위한 제물(Opfer)"일 뿐이며, 오직 "그를 식탁과 술집과 잠자리로 데려다 주는 벌이(Verdienen)"로서만 의미가 있는 것이다.[>32] 이렇게 얼마 안 되는 빵조각이 노동의 알파와 오메가였던 시대에 노동은 그저 단말마적인 생존의 몸부림일 수밖에 없었던 것이다.

그러나 많은 사람들이 노동 현장을 지배하는 타율과 거기에서 기인하는 심신의 고통을 상대적으로 높은 임금과 소비사회의 물질적인 풍요로 상쇄할 수 있다고 믿게 된 오늘날에는 '타율적인 노동'의 반대급부로서 주어지는 '자율적인 소비'가 사람들에게 단순한 생존 이상의 어떤 것, 즉 그들이 가진 구매력의 크기에 비례하는 자기실현의

>**31** K. Marx, *Ökonomisch-philosophische Manuskripte aus dem Jahre 1844*, 514면.

>**32** K. Marx, "Lohnarbeit und Kapital", in: Marx-Engels Werke, Bd. 6, Dietz Verlag, Berlin 1982, 400~401면.

기회와 가능성을 제공하고 있는 것처럼 보인다. 그렇다면 오늘날 구매력을 가진 모든 사람이 누릴 수 있게 된 소비의 향락은 소외된 노동의 알리바이 역할을 하고 있는 셈이다. 다시 말해 우리는 소외된 노동의 대가로서 주어지는 일정 정도의 소비 수준을 매개로 소외된 노동이 우리 자신의 욕망이 된 시대에 살고 있는 셈이다.[>33]

이와 같은 상황은 사람들이 자율적인 자기실현의 공간으로 여기는 소비의 영역에 자기 이익의 극대화를 꾀하는 도구적 합리성이 상업적인 매체들을 앞세워 손쉽게 침투할 수 있는 빌미를 제공한다. 실제로 자기의 욕망의 주인이 바로 자기라고 생각하는 소비자들의 배후에서는 상업광고와 같은 매체들이 그들의 욕망을 생산하고 통제하고 배치하는 초개인적 주권으로 작용하고 있다. 그렇다면 이와 같이 도구적으로 합리적인 소비사회가 소비자에게 허용하는 선택의 자유란 엄밀히 말해서 "행동주의적인 자유"[>34], 즉 상업광고가 제공하는 하나의 자극에 대하여 하나의 예측된 반응을 보일 수 있는 자유에 불과할 것이다. 이와 같은 '소비자의 제조'에 동원되는 행동주의적 인간학은 '인격'에 대해서는 전혀 배려하지 않는다. 왜냐하면 상업광고를 중심으로 한 욕망의 공학에서 관심의 표적이 되는 것은 '인격'의

>33 사실상 상대적으로 안정적인 임금에 의해서 보장되는 안정적인 소비 수준을 미끼로 노동의 소외를 일상화하는 '타협'의 정치는 제도화된 노동 소외의 메커니즘에 의해서 유지되어 온 자본주의적 합리성의 새로운 '버전'이라 할 수 있다. 고임금의 대가로서 감수되는 노동의 소외와 그것의 사회철학적인 함의에 관해서는 Ch. Taylor, "Die Unvollkommenheit der Moderne", in: A. Honneth(Hrsg.), *Pathologien des Sozialen: Die Aufgaben der Sozialphilosophie*, 73~106면 참조.

>34 S. Ewen, *Captains of Consciousness: Advertising and the Social Roots of the Consumer Culture*, McGraw-Hill Book Company, New York 1976: 최현철 역, 『광고와 대중소비문화』, 나남, 서울 1998, 134면.

자발성이 아니라 '소비대중'의 반응이기 때문이다. 그런 점에서 '인격'의 형이상학은 도구적 합리성의 장해물일 수밖에 없다. 그러나 이와 같은 도구적 합리성의 절대적인 권위에 대한 믿음이 생산과 소비의 보편적인 에토스로서 관철될 때 인간이 삶에서 자율을 행사할 수 있는 가능성은 당연히 제한될 수밖에 없다. 왜냐하면 노동생산성과 판매고를 극대화하라는 요구 앞에서 인간은 집단적이고 전체적인 차원에서 관리되고 통제되어야 할 생산의 '요소(element)'나 소비의 '유형(type)'에 불과한 존재일 것이기 때문이다.

이와 같은 도구적 합리성의 현실적인 동역학과 거기에 내포된 규범적 문제들은 우리로 하여금 도구적 합리성의 역할과 권한에 대한 반성적 숙고의 필요성을 자각하게 하는 계기가 될 수 있다. 합리성의 도구적인 개념은 전술한 것처럼 '이유 또는 근거의 존재'라는 형식적 요건을 충족시키는 '한 가지' 방식에 불과하지만, 그럼에도 불구하고 도구적 합리성은 '도구적'이라는 수식어가 때때로 불필요한 동어반복으로 들릴 만큼 합리성 일반의 표준으로 자처하며 합리성에 관한 담론들의 출발점을 상당 부분 선점하고 있는 것이 사실이다. 실제로 오늘날에는 사적인 생활 영역에서만이 아니라 공적인 생활 영역, 예컨대 경제와 정치, 심지어는 (실정법에 관한 한) 입법의 영역에서도 상호주관적으로 승인될 수 있는 합리성의 형식은 오직 상이한 주관적 이해관계들을 전략적으로 조정하는 도구적 합리성뿐인 것처럼 보인다. 그러나 도구적 합리성의 그와 같은 독점적 지위는 명시적인 숙고나 이성적인 합의의 결과라기보다는 차라리 일체의 논쟁을 불허하는 예단(豫斷)의 결과이거나, 아니면 일종의 은폐된 선험적 가치 판단의 결과라고 보는 것이 타당할 것이다. 왜냐하면 우리의 행위의 도구적인 효용에 대한 판단의 준거 역할을 하는 이런저런 목표들 자체는 이성적인 숙고나 평가의 대상이 아니라고 주장할 수 있는 합당한 근거가 전혀 없기 때문이다.

따라서 이제 우리는 여러 가지 문제들을 제기해야 할 시점에 와 있다. 행위의 목표를 결정하는 것은 어디까지나 우리의 주관적인 욕망이고, 우리의 이성은 욕망이 결정한 목표를 달성하게 할 효과적인 수단을 발견할 수 있도록 도와주는 기능에 불과한 것인가? 어떤 행위를 해야만 하는 이유를 오직 주어진 목표에 대한 그 행위의 도구적인 유용성으로만, 따라서 합리성(rationality)을 오직 도구성(instrumentality)으로만 이해해야 하는 이유는 무엇인가? 여기에서 무엇보다도 중요한 것은 도구적 합리성이 단순히 그것에 의해서 주도되는 삶의 질서들이 노정하는 규범적 문제들의 진원지로서만이 아니라 도덕적인 규범을, 더 나아가서는 도덕성 일반을 정당화하기 위한 토대로서도 종종 환기된다는 점이다. 오늘날 이른바 합리적 선택 이론>35을 모델로 하여 도덕성의 기초 이론을 확립하고자 하는 철학자들 사이에서는 합리성을 효용의 극대화로 이해하는 도구적 합리성 개념이 널리 통용되고 있다. 예컨대 존 C. 하사니(John C. Harsanyi)는 「도덕

>35 합리적 선택 이론은 호모 에코노미쿠스의 도구적이고 인지적인 합리성을 근간으로 하여 1950년대 이후부터 본격적으로 발달하기 시작한 사회과학의 일반적인 방법론이다. 그것은 호모 에코노미쿠스가 처한 확실성(certainty), 위험 부담(risk), 불확실성(uncertainty) 등의 여러 가지 선택 상황에 가치효용론, 게임 이론, 사회적 선택 이론 등의 다양한 선택 모형을 적용하여 소비자 행동론, 조직 집단 행동론 및 공공 정책의 결정에 유용한 지침을 얻는 것을 목표로 한다. 따라서 합리적 선택 이론은 최고선(summum bonum)이나 본질적인 가치(intrinsic value)가 아니라 오직 주어진 목적의 달성에 도움이 될 최선의 도구적 가치와 수단의 합리성만을 추구한다. 이에 관해서는 박정순, 「고티에의 합의도덕론과 그 정치철학적 위상」, 차인석 외, 『사회철학대계』, 제2권, 민음사, 서울 1993, 352~3면 참조.

성과 합리적 행동의 이론」>36에서 개인들은 평균 기대 효용 극대화의 원칙에 따라서 도덕적인 가치 판단을 내릴 것이라고 주장한다. 고티에는 『합의도덕론』>37에서 이른바 '극대화를 골자로 하는 합리성 개념' 을 주장하는데, 이는 합리적인 사람이라면 일련의 전략적인 선택들을 통해 그 자신의 효용을 극대화하려고 노력하리라는 것을 의미한다. 그에 따르면 도덕은 개인적인 선호를 만족시키고자 하는 우리의 일상적인 관심으로부터 도출되는데, 효용의 극대화로 이해된 합리성 개념은 이러한 우리의 관심을 정확히 반영한다고 한다. 존 롤스(John Rawls)는 『정의론』>38에서 이른바 원초적 입장(original position)에 처한 사회계약의 당사자들이 정의의 원칙들을 합의에 의해서 선택해야만 할 때 그들은 가능한 한 자신의 이익을 증진시키려는 동기를 갖고서 선택에 임할 것이라고 주장한다.>39 이제 필자는 도덕성이 도구적 합리성에 의거해서 정당화될 수 있다고 주장하는 이와 같은 이론적 입장들의 타당성 여부를 검토하기 위해 우선 Ⅲ장에서 이 세 명의 도덕철학자들이 도구적 합리성에 의거해서 전개한 도덕성의 정당화 논변들, 즉 '왜 우리는 도덕적이어야 하는가?' 라는 물음에

>36 J. C. Harsanyi, "Morality and the Theory of Rational Behaviour", in: A. Sen & B. Williams(eds.), *Utilitarianism and beyond*, Cambridge University Press, Cambridge 1982, 39~62면. 앞으로는 이 저작을 MTRB로 약칭함.

>37 D. Gauthier, *Morals by Agreement*, Clarendon Press, Oxford 1986. 앞으로는 이 저작을 *MA*로 약칭함.

>38 J. Rawls, *A Theory of Justice*, Revised Edition, The Belknap Press of Harvard University Press, Cambridge 1999. 앞으로는 이 저작을 *TJ*로 약칭함.

>39 물론 나중에 저술한 『정치적 자유주의』(*Political Liberalism*, Columbia University Press, New York 1993. 앞으로는 이 저작을 *PL*로 약칭함)에서 롤스는 이와는 다소 다른 입장을 피력하고 있다. 『정의론』과 『정치적 자유주의』의 결코 간과할 수 없는 입장 차이는 Ⅲ장 2절에서 구체적으로 분석될 것이다.

대하여 그들이 대답하는 방식들을 분석해 볼 것이다. 또한 IV장에서는 그러한 논변들이 어떻게 예상치 못했던 이론적 한계를 노정하게 되는가를 분석할 것이다. 그리고 이와 같은 분석은 궁극적으로 도구적 합리성의 역할과 권한에 대한 반성적인 숙고의 요구로 귀결될 것이다.

III

도구적 합리성에 의거한 도덕성의 정당화 논변들

도덕성의 정당화에 대한 관심을 집약적으로 표현하는 '왜 우리는 도덕적이어야 하는가?' 라는 물음은 '왜 우리는 도덕적인가?' 라는 물음과는 분명히 다르다. 전자는 정당화의 근거(justifying reason)를 탐색하는 물음이지만, 후자는 설명적인 이유(explaining reason)를 찾는 물음이다. 다시 말해 전자는 우리들 각자가 도덕적으로 옳은 일을 해야만 하는 객관적인 이유에 관한 규정적인(prescriptive) 물음이고, 후자는 우리가 간혹 도덕적으로 옳게 여겨지는 일을 하게 되는 주관적인 동기에 관한 기술적인(descriptive) 물음이다. 그렇기 때문에 우리가 '왜 우리는 도덕적이어야 하는가?' 라는 물음을 던질 때 우리는 도덕성이 우연히 가질 수도 있는 동기부여적 효력의 소재에 관해서 묻고 있는 것이 아니라 도덕성이 필연적으로 갖는 객관적 정당성, 즉 규범적 구속력의 근거에 관해서 묻고 있는 것이다. 따라서 그와 같은 물음은 그 자체가 도덕성을 궁극적으로 정당화하라는 도전적인 요구로 간주될 수 있다. 요컨대 우리는 그런 물음을 던짐으로써 이미 도덕성의 '설명' 과 구별되는 도덕성의 궁극적 '정초' 에 대한 관심을 표명하고 있는 것이다.>1

그와 같은 물음은 또 다른 상위의 정당화 단계로 소원(訴願)할 필요가 없게 할 '결정적인' 대답을 요구한다는 점에서 말 그대로 '궁극적인' 물음임에 틀림없다. 그것의 '궁극적인' 성격은 플라톤이 묘사한 '멋대로 할 수 있는 자유(exousia)' 앞에서 가장 명확히 드러난다. 그의 『국가』에서 글라우콘은 목동 기게스의 반지가 상징하는 '멋대로 할 수 있는 자유'가 도덕성을 무력화한다고 주장하면서 도덕성을 '궁극적으로' 정당화하라는 요구를 고전적인 형식으로 제기하고 있다. 글라우콘의 주장의 요지는 도덕성이 자기 이익이라는 동기를 결정적으로 압도하지 못한다는 것이다. 다시 말해 기게스의 반지와 같은 신적 불가항력(power irresistible)을 가지고 있어서 불의를 행하고도 사회적인 제재를 면할 수 있는 사람이 만약 존재한다면, 그는 기꺼이 불의를 행할 것이며, 더 나아가 그 어떤 도덕적 규범에도 따를 필요를 느끼지 못하리라는 것이다. 그런 의미에서 글라우콘의 요구는 도덕성이 무조건적으로, 그리고 궁극적으로 이기적이거나 타산적인 행위의 이유를 압도한다고 말할 수 있는 결정적인 근거를 제시하라는 요구로 간주될 수 있다.>2

그와 같은 요구에 대한 가장 간편한 대응 방식 중 하나는 앞의 물음이 '궁극적인' 선택을 강요하는 '궁극적인' 물음임을 상기시키면서 이른바 '실존적인 자유(existential freedom)'의 역할을 강조하는

>1 커트 베이어(Kurt Baier)는 "(이유라고 선언된) 어떤 사실이 실제로 행위자가 했던 대로 행동하게끔 행위자를 움직였다"는 것으로부터 "'행위자를 움직인다는 것(moving the agent)'이 '이유임(being a reason)'이 갖는 의미의 일부"라는 것을 추론해선 안 된다고 지적함으로써 그와 같은 설명과 정당화의 구별을 시도한다.(K. Baier, *The Moral Point of View: A Rational Basis of Ethics*, Cornell University Press, Ithaca 1958, 149면)

>2 이에 관해서는 Plato, *Politeia*, in: J. Burnet(ed.), Platonis Opera, Vol. 4, Oxford Classical Texts, Oxford University Press, Oxford 1902: 박종현 역, 『국가』, 서광사, 서울 1997, 127~30면 참조.

것이다. 그 물음은 예컨대 '왜 어떤 행위는 도덕적으로 옳은 또는 그른 행위인가?' 라는 물음처럼 어떤 행위를 해야만 하는, 또는 하지 말아야만 하는 이유를 묻는 물음이 아니라 무엇이 도덕적으로 옳은 또는 그른 행위이며 왜 그런지를 내가 안다고 해도 왜 나는 그와 같은 앎에 부합되도록 행위를 해야만 하는가를 묻는 물음이다. 그렇기 때문에 그 물음에서 부의된 안건은 합리적인 정당화의 문제라기보다는 오히려 초이성적인 선택의 문제라는 것이다.>3 만약 그렇다면, 우리는 '왜 우리는 도덕적이어야 하는가?' 라는 물음을 임의적인 결단의 문제로 치부해도 좋을 것이다. 그리고 이는 곧 자기 이익을 모든 행위의 유일한 원리로 삼겠다는 결단과 도덕적인 삶을 살겠다는 결단이 '실존적으로는' 등가라는 것을 의미할 것이다.

그러나 과연 이것이 우리가 말할 수 있는 것의 전부인가? 도덕성의 궁극적인 정당화가 이론적으로 불가능하다는 가정은 지나치게 성급한 판단으로 보인다. 우리에게는 어쩌면 도덕적인 이유가 그 밖의 다른 모든 이유들보다 행위의 이유로서 더 '우월하다' 는 것을 증명할 수 있는 여지가 아직 남아 있을 수도 있다. 그리고 이는 곧 도덕성을 합리적으로 정당화할 수 있는, 아니면 적어도 그러한 정당화를 시도해 볼 수 있는 여지가 우리에게 아직 남아 있음을 의미한다. 물론 우리는 어떤 종류의 삶을 살 것인가를 우리 스스로 선택해야만 한다. 또한 우리가 옳다고 믿는 바를 행하거나 행하지 않게 하는 것은 궁극적으로 우리의 이성이 아니라 우리의 의지인 것도 사실이다. 하지만 '실존적인 자유' 는 '왜 우리는 도덕적이어야 하는가?' 라는 물음에

>3 이와 같은 입장은 예컨대 P. W. Taylor, *Principles of Ethics*, Dickenson Publishing Company, Inc., Belmont 1975: 김영진 역, 『윤리학의 기본원리』, 서광사, 서울 1985, 295~302면에서 전형적으로 드러나고 있다.

대한 대답이 아니라는 것 역시 사실이다. 그것은 '왜?'에 대한 대답이라기보다는 단지 인간의 의지를 어떤 강제에 의해 구속할 수 없는 모든 실천적 상황에서 인간의 행위에 의존하는 모든 사태가 궁극적으로는 인간의 자의에 맡겨져 있으며, 그런 만큼 본질적으로 취약하고 무력한 것이라는 평범한 경험적 사실을 보여 주는 것일 뿐이다.

그러나 도덕성의 정당화를 시도해 볼 수 있는 여지가 우리에게 아직 남아 있다고 해도 어떤 것을 그와 같은 정당화의 방법으로서 채택할 것인가 하는 것은 결코 쉬운 문제가 아니다. 만약 우리가 도덕성을 정당화한다고 하면서 실제로는 도덕적으로 행위해야만 하는 '도덕적인' 이유를 제시하는 것으로 만족한다면, 그것으로 도덕성이 정당화되었다고 보기는 어려울 것이다. 왜냐하면 그것은 일종의 순환논증이기 때문이다. 물론 우리는 옳은 것과 그른 것 사이에 만인이 존중하지 않으면 안 될 '도덕적인' 차이가 실제로 존재한다는 것을 인정할 수 있으며, 일상생활에서는 도덕적인 행위의 '도덕적인' 근거를 이해하는 것만으로도 충분히 도덕적인 행위를 하고자 하는 동기를 부여받을 수 있다. 또한 도덕적인 행위의 동기가 반드시 도덕과 무관한 것이어야 한다고 주장할 수 있는 근거가 무엇인지도 분명치 않은 것이 사실이다. 그런 의미에서 만약 옳은 것과 그른 것 사이에 만인이 존중하지 않으면 안 될 '도덕적인' 차이가 실제로 존재한다는 것을 부정하는 도덕 이론이 있다면, 그것은 윌 킴리카(Will Kymlicka)가 지적한 것처럼 "도덕에 관한 하나의 대안적 설명이라기보다는 차라리 도덕의 한 대안"[>4]이라고 해야 할지도 모른다.

>4 W. Kymlicka, "The social contract tradition", in: P. Singer(ed.), *Companion to Ethics*, Basil Blackwell, Oxford 1993, 190면.

그러나 도덕성을 궁극적으로 정당화한다는 것은 그와 같은 도덕적인 차이들을 본래적으로 만들어 내는 것이 무엇인지를 규명한다는 것이다. 따라서 '우리는 마땅히 도덕적이어야 하기 때문에 도덕적이어야 한다'는 식의 설득은 도덕성의 궁극적인 정당화를 위한 논증으로서는 전혀 적합하지 않다고 볼 수 있다. 바로 그런 이유에서 제임스 P. 스터버(James P. Sterba)는 도덕성을 궁극적으로 정당화하기 위해 도덕성이 합리적으로 요구된다는 것을 증명하고자 하는 사람은 반드시 선결문제요구의 오류를 범하지 않는 논증(non-question-begging argument)을 제시해야만 한다고 주장한다.>5 다시 말해 우리는 우리들 각자가 도덕적으로 행위를 해야만 하는, 도덕과 무관한 이유(a reason for being moral which is not itself a moral reason)를 천착하는 방식으로 순환적이거나 자기준거적이지 않은 논증을 제시해야만 한다는 것이다. 필자가 이 장에서 분석하게 될 도덕성의 정당화 논변들은 바로 그와 같은 논증을 구성해 보려는 시도들이다. 예컨대 고티에는 '왜 우리는 도덕적이어야 하는가?'라는 물음의 성격을 다음과 같이 규정함으로써 논점을 선취하는 방식으로는 도덕성이 결코 정당화될 수 없다는 취지를 분명히 밝히고 있다.

> 이 물음은 그것이 진지한 물음인 한에서 도덕적인 이유들 그 자체를 묻는 것이 아니라 도덕적이어야 하는 이유를 묻는 것이다. 다시 말해 그것은 순환적이지 않은 논증에 의해 도덕적인 이유들이 행위의 이유임을 증명할 것을 요구하는 물음이다.>6

>5 이에 관해서는 J. P. Sterba, *Three Challenges to Ethics: Environmentalism, Feminism, and Multiculturalism*, Oxford University Press, Oxford 2001, 5~19면 참조.

>6 D. Gauthier, "Morality and Advantage", *Philosophical Review*, Vol. 76, No. 4, 1967,

이제 '왜 우리는 도덕적이어야 하는가?' 라는 물음의 의미는 어느 정도 명확해졌다. 그것은 단적으로 말해서 도덕성의 무도덕적인 정당화(nonmoral justification of morality)를 요구하는 물음이다. 그렇다면 어떤 행위를 해야만 하는 도덕적인 이유가 그 밖의 모든 이유들을 압도한다고 보아야 하는 무도덕적 근거는 도대체 무엇인가? 도덕적인 행위의 이유가 이기적이거나 타산적인 행위의 이유와 충돌할 때 도덕적인 이유를 최우선으로 고려해야만 하는 무도덕적 근거는 도대체 무엇인가? 이러한 물음들은 그 자체로 도덕성의 합리적인 정당화에 대한 요구이며, 적어도 우리가 정서주의(emotivism)나 주관주의(subjectivism)와 같은 비합리주의적 경향들에 의해 도덕성의 토대에 관한 문제들이 남김없이 해명되었다고 결론지을 수 없는 한, 도덕철학은 그 본분에 따라 그러한 요구에 합리적으로 부응해야만 할 것이다.

그런데 필자가 II장 1절에서 합리성 일반을 '이유 또는 근거의 존재' 와 '자율성' 이라는 형식적 요건들에 의해서 정의해 보았던 것처럼 만약 도덕성 일반을 마찬가지로 가장 추상적인 수준에서 '합리적인 존재가 스스로에게 부과한 제한(self-imposed constraint)' 으로 정의할 수 있다면, 이는 곧 도덕성이 합리성에 의거해서, 혹은 합리성의 부분집합으로서 정당화될 수 있음을 의미할 것이다. 그런 의미에서 도덕성의 합리적인 정당화에 대한 요구를 집약적으로 표현하는 '왜 우리는 도덕적이어야 하는가?' 라는 물음은 '도덕적인 것은 어떤 의미에서 합리적인가?' 라는 물음으로 번역될 수 있다. 그리고 만약 우리가 이 물음에 대한 대답을 발견함으로써 도덕성을 합리적으로

469면. 앞으로는 이 저작을 MA로 약칭함.

정당화하는 데 성공한다면, 다행히도 도덕성은 비로소 객관적인 토대 위에 서게 될 것이다. 그와 같은 도덕성의 객관적인 토대가 마련된다 함은 곧 어떤 행위자가 합리적인 행위자인 한에서 반드시 동의해야만 하는 도덕적 원칙들이 있으며, 따라서 그런 원칙들은 그 행위자의 합리성에 의거해서 선택된다고 주장할 수 있게 된다는 것을 의미한다. 요컨대 우리는 도덕성이 합리적인 행위자들에 의해 보편적으로 받아들여져야만 하는 어떤 것이며, 따라서 '도덕성은 합리적으로 요구되는 것' 이라고 주장할 수 있게 되는 것이다.

물론 지금의 논의 수준에서 도덕성과 합리성의 관계에 관한 이와 같은 설명은 결코 만족스럽지가 않을 것이다. 왜냐하면 '합리성을 정당화하는 것은 무엇인가?' 라는 물음이 또 다른 상위의 정당화 단계에서 정당한 이성의 요구로서 제기될 수도 있기 때문이다. 만약 도덕성이 합리성에 의거해서 정당화될 수 있다면, 합리성은 무엇에 의거해서 정당화되는가? 합리성은 자기준거적으로 정당화되는가? 합리성이 '이유 또는 근거의 존재' 로 정의될 수 있는 한, 이유를 따져 밝히려는 모든 시도는 합리적인 것으로 간주되어야 할 것이다. 따라서 어떤 사태의 이유가 무엇인지를 추궁하는 합리적인 물음에 대해서는 역시 합리적인 대답이 주어져야만 할 것이다. 그러나 도덕성의 무도덕적인 정당화와는 달리 합리성의 무합리적인 정당화(non-rational justification of rationality)는 합리적으로 요구될 수 없는 사안인 것처럼 보인다. 왜냐하면 프랑케나(W. K. Frankena)의 말대로 "우리는 기꺼이 합리적일 용의가 있는 경우에만 [도덕성의] 정당화를 요구할 수 있으며", 그런 의미에서 "우리는 모종의 이유들을 받아들일 준비가 되어 있지 않은 한 일관되게 이유들을 요구할 수 없기" 때문이다. 그렇다면 우리로서는 그의 제안대로 '왜 우리는 합리적이어야 하는

가?' 라는 물음을 던지는 사람에게 "만약 그런 것이 [도덕성의] 정당화를 요구하던 당시부터 당신이 마음속에 품고 있던 태도라면, 당신은 아예 [도덕성의] 정당화를 요구할 자격이 없소"[>7]라는 대답을 들려주는 것이 최선의 방책일 수도 있을 것이다.

사실상 우리는 도덕성을 궁극적으로 정당화해 줄 것으로 기대되는 합리성이 어떤 종류의 합리성인지를 확정하기 전에는 '왜 우리는 합리적이어야 하는가?' 라는 물음에 대한 대답을 결코 확정할 수 없다. 다만 필자는 아주 추상적인 수준에서 도덕성을 합리적으로 정당화한다는 것이 무엇을 의미하는가를 이해하는 데에는 도덕성과 합리성의 관계에 관한 다음과 같은 작업가설이 충분한 도움을 줄 수 있을 것으로 기대한다.

> 결국 도덕적인 것이 합리적이기 때문에 우리는 도덕적이어야 한다. 그리고 우리는 합리적인 것이 우리를 인간으로 만드는 우리의 본성에 적합하기 때문에 합리적이어야 한다. 전자의 주장은 정당화를 구성한다 — 도덕적인 것은 합리적인 것에 의해 정당화된다. 대조적으로 후자의 주장은 정당화라기보다는 설명으로 이해된다 — 합리적인 것은 인간 행위를 위한 최종적인 이유이며 그래서 우리는 합리적인 것에 대한 다른 정당화를 필요로 하지 않는다.[>8]

이제부터 중요한 것은 도덕성을 궁극적으로 정당화하기 위해 어떤 종류의 합리성 개념에 기댈 것인가 하는 문제이다. 행위자의 자기중심적인 욕망, 기호 또는 관심을 충족시키려는 목표에 하나의 도구

>7 W. K. Frankena, *Ethics*, Prentice-Hall, Inc., New Jersey 1963, 98면.

>8 노영란, 『도덕성의 합리적 이해』, 65~6면.

로서 종속된 이성의 기능에 기댈 것인가? 아니면 욕망으로 환원될 수 없는 이성의 반성적인 숙고의 구조와 그것이 함의하는 합리성의 규범적인 개념에 기댈 것인가? 필자가 지금부터 분석하게 될 하사니, 고티에, 그리고 (적어도 『정의론』에서의) 롤스의 도덕철학적 논변들은 전자, 즉 도구적인 의미의 합리성[9]에 기대어 도덕성을 정당화하려고 한다. 그들은 대체로 공평성(impartiality)의 요구를 충족시키는 선택의 원칙을 도덕적인 원칙으로 간주한다. 그러나 그들은 또한 도덕적인 원칙을 자기 이익의 극대화를 추구하는 행위자에 의해 선택될 합리적인 원칙과 동일시한다. 다만 그들은 특정한 종류의 가언적인 선택 상황을 이론적으로 전제하고 있는가의 여부나 사회계약론적인 이론 모델을 원용하고 있는가의 여부에 있어서만 차이를 보일 뿐이다. 가령 하사니와 롤스는 개인들의 자기 정체성에 관한 정보를 행위 원칙의 선택을 위한 고려에서 배제하도록 함으로써 자기 이익에 대한 고려와 상호 이익에 대한 고려, 합리적인 타산과 공평성으로서의 도덕성을 동일한 지점으로 수렴되게 하는 가언적 선택 상황을 각각 동일 확률 가정(equiprobability postulate)과 원초적 입장(original position)이라는 이름으로 전제한다. 반면에 고티에는 그와 같은 허구적인 선택 상황을 전제하지 않고 공평성을 우리가 특정한 상황에서 합리적으로 행위를 하고자 할 때 자연스럽게 선택하게 되는 원칙의 속성으로 간주한다. 또한 롤스와 고티에는 한 사회를 상호 이익을 위한 협력적 상호작용의 결과로 간주하는 사회계약론의 관점이 도덕성에 관한 이론의 중요한 배경이며, 그런 의미에서 도덕적인

>9 도구적 합리성에 의거한 도덕성의 정당화 논변들을 분석하게 될 Ⅲ장과 Ⅳ장에서는 앞으로 특별한 언급이 없는 한 '합리성' 또는 '합리적'이라는 말을 '도구적 합리성' 또는 '도구적으로 합리적인'이라는 뜻으로 사용할 것이다.

원칙들은 합리적인 행위자들 간의 합의를 통해 선택되는 것이라고 생각한다. 반면에 하사니는 도덕성에 관한 이론의 배경으로 사회계약론과 같은 것을 전제하지 않고 오히려 도덕적인 원칙을 개개인의 도덕적 가치 판단으로부터 도출되는 합리적인 원칙으로 간주한다. 그러나 이 모든 이론적 차이에도 불구하고 도덕성에 관한 그들의 정당화 논변은 공히 도구적 합리성 개념에 의거하고 있으며, 따라서 도덕철학을 합리적 선택 이론의 일부로 이해하고 있다는 점에서는 동일하다고 볼 수 있다.

다만 롤스의 경우는 하사니나 고티에의 경우와는 조금 다르다. 그의 '공정으로서의 정의'에 관한 이론은 전체적으로 볼 때 『정치적 자유주의』를 기점으로 합리적 선택 이론과의 관계에서 현저히 변화된 모습을 보여 준다. 일관된 합리적 선택 이론의 관점에서 보면 하나의 중대한 '일탈'로 보일 수밖에 없는 그러한 변화는 필자가 보기에 도구적 합리성이 도덕성의 견고한 토대가 될 수 없음을 보여 주는 중요한 실마리로 간주될 수 있다. 필자는 먼저 도덕철학을 일관되게 합리적 선택 이론의 일부로서 전개한 하사니와 고티에의 논변을 분석한 다음, 롤스의 정의론에서 그러한 일관성이 어떻게 붕괴되는지를 분석할 것이다.

1. 합리적 선택 이론의 도덕철학적 응용: 하사니와 고티에의 경우

하사니는 고티에, 그리고 롤스와 함께 도덕성을 합리적으로 정당화하려는 기획의 한 축을 형성해 온 도덕철학자이다. 그는 합리적 선택 이론의 다양한 경향들 중에서도 특히 "위험성과 불확실성하에서의 합리적인 행동에 관한 현대의 이론"인 이른바 "베이즈주의 결단 이론(Bayesian decision theory)"의 모델에 따라서 도덕철학을 재구성하겠다는 야심적인 의도를 명확히 드러내고 있다. 그에게 있어서 윤리학은 "합리적인 행동에 관한 일반 이론의 유기적인 일부분">10이며, 따라서 그는 자신의 도덕 이론 전체를 "게임 이론과 윤리학의 몇 가지 근본적인 문제들을 부분적으로 혹은 전체적으로 결단 이론의 문제들로 환원">11하려는 프로그램의 일부로 이해하고 있다.

이와 같은 하사니의 기획의 출발점은 먼저 합리성의 도구적인 개념을 확인하는 것이다. 그는 합리성을 무엇보다도 선호의 만족으로 정의한다.

> 합리적인 행동의 개념은 인간의 행동이 대부분 목표지향적인 행동이라는 경험적인 사실에서 비롯된 것이다. 근본적으로 합리적인 행동이란 어떤 명확한 목표들을 일관되게 추구하되 어떤 명확한 일련의 선호들 내지는 우선순위에 따라서 그것들을 추구하는 행동일 뿐이다.>12

그리고 이와 같은 정의는 이른바 "기대 효용의 극대화(expected-utility maximization)">13로 구체화되는데, 이는 선호를 만족시키기 위한 선택의 배경적 요인이나 선택의 결과에 관한 정보의 결핍이 선택 상황을 불확실한 상황으로 만들 것임을 그가 가정하고 있기 때문이다.

>10 MTRB, 42면.

>11 MTRB, 44면.

>12 MTRB, 42면.

>13 MTRB, 44면.

어쨌든 하사니는 이제 도덕성이 극대화로 이해된 합리성의 불가결한 일부분임을 증명해야만 한다. 특이한 것은 그가 도덕성을 합리적으로 '정당화' 한다기보다는 오히려 '전제' 하고 있는 것처럼 보인다는 점이다. 이 점은 도덕성에 관한 그의 서술에서 단적으로 드러난다. 그는 도덕철학을 결단 이론에 의해 재구성하겠다던 처음의 야심이 무색할 정도로 전통적인 도덕철학의 술어에 익숙한 사람들이 전혀 거부감 없이 받아들일 수 있는 공평성으로서의 도덕성을 적극 옹호한다. 더욱이 그는 사회적인 효용의 극대화를 도덕성의 근본적인 기준으로 삼아 온 공리주의의 전통을 계승하고자 한다. 그에 따르면 "인간적이고도 인도적인 공통의 이익을 합리적으로 추구하는 것"이 바로 "도덕성의 본질">**14**이며, 따라서 "윤리학은 사회 전체의 공통된 이익에 기여하는 합리적인 행동에 관한 이론이다.">**15**

이와 같은 이론적 입지를 배경으로 하여 그는 두 가지 종류의 실천적인 관점과 그에 상응하는 두 가지 종류의 선호를 구별한다. 우선 도덕적인 관점은 "자기중심적이고 대개 감정적으로 편향된, 그리고 어쩌면 완전히 일방적이고 당파적인 관점"과는 다른 "공평하면서도 인도적이고 동정적인 관찰자">**16**의 관점이다. 그리고 각각의 개인은 상이한 두 종류의 선호, 즉 개인적인 선호(personal preference)와 도덕적인 선호(moral preference)를 갖고 있는데, 각 개인의 효용 함수(utility function) 'Ui' 로 표현되는 개인적인 선호는 대체로 이기적인 반면에 그 개인의 사회 복지 함수(social-welfare function) 'Wi' 로 표현되는 도덕적인 선호는 그가 비개인적이고 공평한 태도, 즉 도덕적

>**14** MTRB, 41면.

>**15** MTRB, 43면.

>**16** MTRB, 39면.

인 태도를 그 자신에게 강요하고자 할 때 스스로의 사고를 인도하게 될 그런 선호이다. 다시 말해 도덕적인 선호는 개인적인 선호와는 달리 모든 개인들의 이익에 항상 동일한 비중을 할당하는 선호라는 것이다.>17 하사니는 합리적 선택 이론의 관점에서 보면 근거지어지지 않은 전통 철학의 선입견으로 보일 것이 분명한 이와 같은 이분법적 구별을 도덕적인 가치 판단에 대한 자신의 정의에 매우 상투적인 방식으로 반영하고 있다. 그리고 그러한 정의의 요지는 그 어떤 경우에도 개인적인 선호의 표현을 도덕적인 가치 판단으로 간주해선 안 된다는 것이다.

> 정의상(定義上) 도덕적인 가치 판단은 항상 도덕적인 선호의 표현이다. 우리가 할 수 있는 그 어떤 가치 평가 언명도 그것이 우리의 개인적인 이해관계와 개인적인 선호의 영향을 과도하게 받는다면 도덕적 가치 판단의 지위를 자동적으로 상실할 것이다.>18

문제는 이와 같은 공평성으로서의 도덕성, 즉 인도주의적인 공감으로서의 도덕성을 결단 이론의 술어들로 공식화되어야 할 합리성, 즉 기대 효용의 극대화로 정의된 합리성과 어떻게 연결하느냐 하는 것이다. 환언하면 전자가 후자에 의거해서 정당화된다는 점을 어떻게 증명하느냐 하는 것이 문제인 것이다. 그러나 전통적인 도덕철학의 술어들에 의거해서 '도덕적인' 관점과 '도덕적인' 선호의 의미를 미리 규정한 그의 이론적 정향이 그가 애초에 세웠던 결단 이론의 기

>17 이에 관해서는 MTRB, 47면 참조.

>18 MTRB, 48면.

획에 부합한다고 보기는 어려울 것 같다.

하사니 역시 이러한 문제를 분명히 의식하고 있는 것처럼 보인다. 그리고 이는 합리성과 도덕성의 연결이 그가 애초에 세웠던 기획의 핵심임을 감안한다면 당연한 일이기도 하다. 그에 따르면 "합리성의 개념도 인도주의적인 도덕성에의 헌신도 그 자체만으로는 유용한 윤리 이론을 산출할 수 없다. 오히려 우리는 양자의 결합을 필요로 한다."[>19] 또한 그와 같은 결합의 요체는 바로 '합리성으로서의 도덕성'에 있다. 다시 말해 "도덕적인 문제들은 합리적인 기준들(rational tests)에 의해서 해결되어야만 하며, 도덕적인 행동은 그 자체가 합리적인 행동의 한 가지 특수한 형태이다."[>20] 따라서 그와 같은 결합에 성공한다 함은 곧 도덕성의 합리적인 정당화에 성공한다는 것을 의미한다. 요컨대 그는 "합리성에는 필연적으로 인도주의적인 도덕성에의 헌신이 수반된다"[>21]는 점을 증명해야만 하는 것이다.

그러나 하사니의 '증명'은 필자가 보기에 도덕 이론의 결단 이론에 따른 재구성을 공언한 도덕철학자에게 우리가 응당 걸어 봄직한 기대를 충족시키기에는 부족해 보인다. 그는 도덕성을 합리적으로 정당화하기 위한 논증의 출발선상에서 도덕적인 가치 판단이 내려지는 하나의 가언적인 선택 상황을 설정한다. 그는 각각의 개인이 모든 가능한 사회적 지위들 중에서 어느 하나를 차지할 동일한 확률을 갖는다고 가정할 경우 그와 같은 상황에서 내려지게 될 합리적인 판단은 이기적인 고려에 의존하지 않는 판단일 수 있다고 주장한다. 다시 말해 "그의 선택은 도덕적으로 부적절한 이기적 고려들과 무관하게

>**19** MTRB, 61면.

>**20** MTRB, 40면.

>**21** MTRB, 62면.

내려질 것"이며, 그리하여 "그의 선택(또는 그의 선호 판단)은 … 이제 진정한 도덕적 가치 판단이 되리라는">22 것이다. 그는 이와 같은 선택 상황이 내포하는 조건적 가정, 즉 우리 모두가 "모든 가능한 사회적 지위를 차지할 동일한 확률을 갖는다는 허구적인 가정"을 "동일 확률 가정(equiprobability postulate)"이라고 부르고, 이 가정에 기초한 결단의 모델을 "도덕적 가치 판단의 동일 확률 모델(equiprobability model of moral value judgements)">23이라고 부른다.

하사니는 이와 같은 종류의 이론적 허구에 구조적으로 선결문제 요구의 오류가 내포되어 있을 수도 있다는 점에 대해서는 별로 개의치 않는 것처럼 보인다. 그는 도덕성이 본래적으로 무도덕적인 합리성의 일부분임을 단계적으로 '증명'하려고 하기보다는 다만 도덕적인 가치 판단이 본질적으로 합리적인 선호 판단임을 '선언'하고 있을 뿐이다. 그에 따르면 가령 A와 B라는 두 가지 도덕적 기준 중에서 어느 하나를 선택하는 것은 궁극적으로 각 개인의 선호와 관련된 문제이기 때문에 합리적인 개인은 그 자신의 선호가 무엇인지를 다음과 같이 자문해 보기만 하면 된다.

> 기준 A에 부합하는 사회와 기준 B에 부합하는 사회에서 나의 실제 사회적 지위가 무엇이 될지를 미리 알 수는 없고 오히려 가능한 지위들 하나하나를 차지할 가능성들이 모두 동일하다고 가정해야 할 경우 나는 기준 A에 부합하는

>22 MTRB, 45면.

>23 같은 곳. 하사니의 말대로 동일 확률 가정은 롤스의 무지의 장막(veil of ignorance)과 "거의 동일한 질적 가정"(MTRB, 47면)이다. 왜냐하면 양자는 모두 이기적인 동기의 유입을 애초부터 차단함으로써 선택의 도덕성을 사전에 확보하기 위한 이론적 장치이기 때문이다. 그런 점에서 양자는 모두 '합리성으로서의 도덕성'을 저해하는 선결문제요구의 오류를 내포하고 있다. 롤스의 무지의 장막에 관해서는 다음 절에서 분석할 것이다.

사회에서 사는 쪽을 선호하겠는가, 아니면 기준 B에 부합하는 사회에서 사는 쪽을 선호하겠는가?>24

더욱이 "철학적인 분석과 수학적인 추론의 독특한 결합">25을 추구하는 하사니는 그와 같은 선택의 상황을 결단 이론의 술어들에 의거해서 정교하게 공식화할 수 있다고 주장한다. 예컨대 우리는 한 사회가 그 구성원들이 차지하게 될 사회적 지위의 우열에 따라 가장 높은 지위를 차지한 사람부터 시작해서 일련번호를 매길 수 있는 n명의 개인들(개인 1, 개인2, …, 개인 n)로 구성된다고 가정할 수 있다. 이때 그들 각자가 누리게 될 효용(utility)의 수준을 U1, U2, …, Un이라고 한다면, 도덕적인 가치 판단을 내려야 하는 사람은 동일 확률 가정에 의거해서 하나의 특수한 사회적 지위를 차지하게 될 각각의 경우에 대하여 1/n만큼씩의 동일한 확률을 할당할 것이다. 또한 그는 자신이 누리게 될 효용의 수준 U1, U2, …, Un 각각에도 1/n만큼씩의 동일한 확률을 할당하게 될 것이다.>26 그리고 이와 같은 상황에서 "합리적인 개인이라면 항상 그의 기대 효용, 즉 사회 내의 모든 개인적인 효용 수준들의 산술적인 평균을 극대화할 특수한 사회 제도를 선택할 것이다.">27

하사니는 결국 합리성을 모든 사회 구성원들이 누릴 수 있는 "평균 효용 수준의 극대화(maximizing the average utility level)">28로 정의하

>24 MTRB, 46면.

>25 MTRB, 44면.

>26 이에 관해서는 MTRB, 45면 참조.

>27 MTRB, 46면.

>28 MTRB, 44면.

고 있는 셈이다. 이와 같은 추론은 물론 선택 상황에 직면한 개인들의 자기 정체성에 관한 정보의 결핍이 반드시 합리적인 개인들로 하여금 사회의 최소수혜자에 대한 배려를 함축하는 롤스의 최소극대화 규칙(maximin rule)>29 내지는 그와 유사한 모종의 자유주의적 원칙에 합의하게 하는 것은 아니라는 점을 보여 줄 수는 있다. 그러나 유감스럽게도 하사니가 동일 확률 가정을 고수하는 한, 그는 선결문제 요구의 오류를 피할 방도가 없다. 고티에가 적절히 지적한 것처럼 "하사니의 이론은 오직 한 개인이 무지의 장막 뒤에서 선택하게 될 원칙들이 무엇인가 하는 점에 있어서만 롤스의 이론과 다른 것처럼 보인다.">30 그렇기 때문에 우리는 무지의 장막과 동일 확률 가정이 결과적으로 상이한 종류의 도덕성을 산출할 수도 있다는 사실과는 무관하게 양자가 똑같이 선결문제요구의 오류를 내포하고 있다는 사실을 감지할 수 있다. 왜냐하면 양자는 공히 '합리적인' 행위자로 하여금 '도덕적인' 판단을 내리게 하기 위한 조건으로서 설정된 것이기 때문이다. 롤스의 경우를 검토할 때 다시 확인하게 되겠지만 합리적인 행위자들의 자기 정체성에 관한 정보를 행위 원칙의 선택을 위한 고려에서 배제하도록 이론적으로 미리 규정하는 것은 합리적인 고려로부터 공평성으로서의 도덕성이 필연적으로 산출된다는 것을 '증명'하기 위한 이론적 절차라기보다는 오히려 자기 이익에 대한 고려와 상호 이익에 대한 고려, 합리적인 타산과 공평한 도덕성을 처음부터 일치시키기 위한 일종의 사전 '프로그래밍'이라고 할 수 있다. 이와 같은 점은 동일 확률 가정이 요청될 수밖에 없는 이유를

>29 이 규칙에 관해서는 다음 절에서 구체적으로 논의할 것이다.

>30 *MA*, 5면.

하사니 자신이 언급하고 있는 부분에서도 어느 정도 명확히 드러나고 있다.

> 그[도덕적인 판단을 내리기를 원하는 개인]는 도덕적인 판단을 내리려고 할 때 적어도 이와 같이 도덕적으로 부적절한 정보를 무시하기 위해 최선을 다해야만 한다고 가정할 필요가 있다. 그러지 않으면 그의 판단은 진정한 도덕적 가치 판단이 아니라 오히려 개인적인 선호 판단에 불과한 것이 될 것이다.>31

결국 하사니는 '도덕적으로 선택하기 위해서는 도덕적으로 선택해야만 한다'라고 말하고 있는 셈이다. 그리고 이와 같은 태도는 "합리적으로 선택하기 위해서는 도덕적으로 선택해야만 한다">32는 점을 역설하는 고티에의 상대적으로 일관된 태도와 극명하게 대조된다. 그렇기 때문에 고티에는 하사니가 제시한 도덕적인 선택의 원칙들을 '가언적인(hypothetical)' 것으로 간주한다. 왜냐하면 그러한 원칙들은 합리적으로 정당화되기도 전에 이미 주어진 것으로 가정되고 있기 때문이다. 다시 말해 그러한 원칙들은 "어떤 공평한 관점이나 주어진 공평한 선호들에 의거해서 합리적인 선택을 결정하며, 따라서 오직 도덕적으로 또는 공평하게 선택하기를 원하는 사람만을 위한 원칙들">33이라는 것이다. 따라서 고티에에 따르면 "하사니는 … 한 개인이 합리적으로 선택하기 위해서 도덕적으로 선택해야만 하는 상황들이 존재한다고 주장하지 않는다." 요컨대 "그[하사니]에게 있어서는 도덕적으로 선택하는 합리적인 방법(rational way of choosing

>31 MTRB, 45면.
>32 *MA*, 4면.
>33 *MA*, 5면.

morally)은 있지만, 도덕적으로 선택해야만 한다는 합리적인 요구(rational requirement to choose morally)는 없다"[34]는 것이다.

어쩌면 우리는 이와 같은 선결문제요구의 오류와 관련하여 하사니에게 좀 더 관대한 태도를 취할 수도 있을 것이다. 왜냐하면 선택 상황의 설정이나 그것이 내포하는 도덕성의 발생학과는 무관하게 도덕적인 선호에 따라 행위 하는 것이 실제로 개개의 행위자에게 이익이 된다는 사실을 하사니가 증명할 수만 있다면, 그는 선택 상황의 설정에 있어서의 '사소한' 실패를 만회할 수 있을 것이기 때문이다. 그런 점에서 우리는 도덕성을 도구적 합리성에 의거해서 정당화하고자 하는 모든 도덕철학자들에게 그러한 기획의 성패를 결정하게 될 최후의 관건으로서 도덕적인 규범을 준수하는 것이 합리적이라는 점을 증명할 것을 반드시 요구해야만 한다. 그러한 규범을 준수하는 것이 개개의 행위자들에게 실질적으로 이익이 된다는 사실을 증명할 수 없는 한, 도덕성은 결코 합리성의 불가결한 일부분으로 간주될 수 없을 것이니 말이다. 도구적 합리성에 의거한 도덕성의 정당화 논변의 완성도를 검증하기 위한 최후의 단계로서 하사니, 고티에, 그리고 롤스에게 동일하게 적용될 그와 같은 검증의 절차를 앞으로 편의상 '준수의 합리성' 시험이라고 부르기로 하자.

하지만 유감스럽게도 하사니는 그의 기획의 성패를 판가름할 '준수의 합리성'에 관한 문제를 다루지 않고 있다. 다시 말해 그는 각각의 개인이 어떤 합리적인 이유에서 그의 개인적인 선호를 포기하고 공평한 도덕적 선호에 따라 도덕적인 가치 판단을 내리게 되며 또한 그에 따라 행위 하게 되는지를 설명하지 않는다. 그는 다만 도덕적인

>34 *MA*, 5~6면.

가치 판단을 내리기를 원하는 사람이라면 자신의 개인적인 선호를 무시하고 공평한 도덕적 선호에 따라서 판단을 내려야 한다는 식의 동어반복적 선언에 머물러 있을 뿐이다. 어쩌면 그는 모든 개인들이 동일 확률 가정에 따라 도덕적인 가치 판단을 내린다고 가정할 경우 한 사람이 선택하게 될 도덕적인 원칙들은 당연히 다른 모든 사람들이 선택하게 될 도덕적인 원칙들과 똑같을 것이라고 생각했는지도 모른다. 또한 더 운이 좋다면 그러한 원칙들을 무효화하는 그 어떤 개별적 이반(離反)도 없으리라고 기대했는지도 모른다. 만약 그렇다면 그는 다음 절에서 분석하게 될 롤스의 경우와 유사하게 '준수의 합리성' 에 관한 문제를 동일 확률 가정에 의해서 애초부터 전제된 초기적 도덕성(initial morality) 속으로 해소해 버린 셈이다.

결론적으로 하사니는 도덕철학을 합리적 선택 이론의 일부로서 재구성하는 데 실패한 것처럼 보인다. 왜냐하면 그는 합리적 선택 이론의 일관성을 저해하는 순환논증에 의존하고 있을 뿐만 아니라 도덕성의 합리적인 정당화에 있어 최후의 관건이라 할 수 있는 '준수의 합리성' 의 증명에도 기여한 바가 없기 때문이다. 이와 같은 하사니의 실패는 우리로 하여금 극대화로서의 합리성 개념 외에는 그 어떤 도덕적 선입견도 논증의 전제로서 받아들이지 않으려고 하는 고티에의 논변에 많은 기대를 걸게 한다. 그렇다면 고티에는 과연 도구적 합리성에 의거한 도덕성의 정당화에 성공했다고 말할 수 있을까?

고티에의 기획은 일단 '일관성' 이라는 이론적 미덕을 탁월하게 갖추었다는 평가를 받을 만하다. 윌 킴리카는 필자가 앞에서 인용했던 한 논문에서 고티에의 사회계약론적인 도덕철학을 롤스가 대표하는 칸트적 사회계약론(Kantian contractarianism)과 구별하여 이른바 홉스적 사회계약론(Hobbesian contractarianism)의 한 유형으로 분류한 바 있다. 이와 같은 분류의 밑바탕에는 홉스적 사회계약론은 상호 이익으로서의 도덕성을, 칸트적 사회계약론은 공평성으로서의 도덕성을 각각 옹호한다는 전제가 깔려 있다.[>35] 과연 고티에는 자기 이익의 극대화로 이해된 합리성 개념을 사회계약론적인 정치철학에 최초로 반영하려 했던 홉스의 기획을 하사니나 롤스보다 더 일관되게 계승하고 있는 것이 사실이다. 더욱이 그는 그와 같은 홉스의 기획을 더욱더 현대화하여 협상적 게임 이론에 따른 정교한 합리적 선택의 이론으로 재구성하려고 한다.

홉스는 아마도 끊임없이 자기 이익의 극대화를 추구하는 호모 에코노미쿠스에게 처음으로 인간학적인 권위의 옷을 입힌 철학자일 것이다. 그의 기계론적인 인간학은 이른바 최고선을 정점으로 하여 목적론적으로 위계가 정해진 선(善)의 질서에 인간의 욕망이 안주하는 것을 허락하지 않는다.

> 현세의 행복은 만족해하는 정신의 평정(平靜)에 있는 것이 아니다. 왜냐하면 고대 도덕철학자들의 저서에서 언급된 궁극 목적(Finis ultimus)이나 최고선(Summum Bonum) 같은 것은 존재하지 않기 때문이다. 또한 욕망이 끝에 다다른 사람은 감각과 상상력이 고갈된 사람과 마찬가지로 더 이상 살 수가 없기 때문이다. 행복이란 욕망이 하나의 목표에서 또 하나의 목표로 끊임없이 나아가는 것이다. 만약 하나의 목표를 달성했다면, 그것은 평정의 경지에 도달한 것처럼 보여도 사실은 또 다른 목표를 달성하기 위한 수단일 뿐이다.[>36]

>35 이에 관해서는 W. Kymlicka, "The social contract tradition", 188~95면 참조.

>36 Th. Hobbes, *Leviathan*, 75면.

이처럼 홉스에게 있어서 "영속적이고 끊임없는 권력욕"은 죽기 전에는 멈추어지지 않는 "전 인류의 일반적인 성향"[>37]이다. 그렇기 때문에 자연 상태의 이기적인 개인들을 사회계약으로 이끄는 동인은 바로 그와 같은 자기 이익에 대한 관심, 즉 장기적인 자기 이익의 안정적인 확보를 위해서는 단기적인 자기 이익의 억제가 불가피하다는 전략적 타산(prudence)이다. 환언하면 도덕은 이기적인 욕망의 자유를 죽음에 대한 공포 없이 향유하기 위한 합리적인 고려의 산물이라는 것이다. 우리는 이와 같은 설명 방식을 도구적인 의미의 합리성 개념, 즉 자기 이익의 극대화로 이해된 합리성 개념의 근대적인 효시로, 그리고 동시에 그와 같은 의미의 합리성과 도덕성의 관계에 관한 현대적인 논의의 중요한 단초들 중 하나로 간주할 수 있을 것이다.

고티에의 사회계약론적인 도덕철학은 그와 같은 단초를 단순히 계승하는 데 그치지 않고 합리적 선택 이론의 논증 장치로 정교히 다듬어서 이른바 '홉스적인 역설'로 알려진 하나의 의미심장한 착상을 증명하는 데 활용하려고 한다. 다시 말해 그의 기본적인 착상은 역설적이게도 자기 이익의 극대화로서의 합리성을 제한하는 도덕성이 다름 아닌 자기 이익의 극대화로서의 합리성 그 자체에서 나온다는 것이다. 그는 이와 같은 착상이 옳다는 것을 증명하는 데에는 합리적 선택 이론의 개념적 장치들 외의 그 어떤 도덕적 선입견도 필요치 않다고 주장한다.

고티에는 우선 논의의 출발선상에서 도덕성을 보통 사람들의 직관과 별로 다르지 않게 "개인적인 이익의 추구에 대한 하나의 합리적인 제한"[>38]으로 규정하고 있다. 그런데 여기에서 중요한 것은 그 "합

>37 같은 곳.

리적인 제한"이라는 것이 어떤 종류의 합리성 개념을 전제로 하고 있는가 하는 것이다. 고티에는 "실천 이성은 이익 또는 … 개인적인 효용과 연관되어 있으며">39, 따라서 그 자신이 옹호하고자 하는 합리성 개념은 소위 "극대화를 골자로 하는 합리성 개념(maximizing conception of rationality)"임을 분명히 밝히고 있다. 또한 그런 의미에서 "합리적인 개인"이란 바로 "그 자신의 이익을 최대한도로 충족시키려고 하는">40 사람이다.

고티에는 이제 그와 같은 의미의 합리성, 즉 극대화를 골자로 하는 합리성에 의거해서 자기 이익의 직접적인 극대화에 대한 공평한 제한으로서의 도덕성을 정당화하려고 한다. 그에게 있어서 도덕성은 타인들과의 상호작용 속에서 자기 이익을 극대화하려고 하는 합리적 개인들이 선택하게 되는 합리적 제한이다. 다시 말해 "이익의 추구에 대한 합리적 제한 그 자체는 바로 그것이 제한하는 이익에 그 토대를 두고 있는">41 것이다. 이렇듯 고티에에게 있어서는 극대화로서의 합리성 외에는 그 어떤 것도 도덕성의 기초가 될 수 없으며, 도덕성은 그런 의미에서 자기 이익의 추구에 대한 합리적 자제를 요구하는 것에 다름 아니다. 단적으로 말해서 "도덕성은 극대화의 필수적인 일부분이다.">42 그리고 바로 그와 같은 것이 "합리적으로 선택하기 위해서는 도덕적으로 선택해야만 한다">43는 그의 말의 진의이자 경제인(homo economicus)과 도덕인(homo moralis)의 통일에

>38 *MA*, 2면.

>39 같은 곳.

>40 *MA*, 7면.

>41 *MA*, 2면.

>42 *MA*, 184면.

>43 *MA*, 4면.

대한 그의 희망, 즉 "개인적인 극대화의 합리성과 공평한 제한의 도덕성을 연결">44하려는 그의 기획의 요체인 것이다.

그런데 그와 같은 합리적인 제한으로서의 도덕성이 요구된다는 것은 곧 도덕적인 제한을 불가피하게 만드는 상황들이 존재한다는 것을 의미한다. 그리고 이는 곧 합리적인 해결을 요하는 이해관계의 충돌들로 우리의 삶이 점철되어 있다는 뜻이다. 바로 그런 의미에서 고티에는 "도덕은 시장의 실패에서 비롯된다">45고 말한다. 만약 하나의 이상형으로서의 완전경쟁시장(perfectly competitive market) 같은 것이 실제로 존재한다면, 그런 시장에서는 마치 어떤 '보이지 않는 손(invisible hand)'이 작용하고 있기라도 하듯 자기 이익과 상호 이익의 예정 조화가 실현되고 있을 것이다. 다시 말해 그런 상황에서 우리의 현실적인 삶의 구조는 "상이한 개인들의 각기 다른, 그리고 겉보기에 서로 반대되는 것 같은 이해관계들이 완전히 조화를 이루는 구조">46일 것이며, 따라서 우리의 삶은 "도덕적으로 자유로운 지대(morally free zone), 즉 도덕성이 가하는 제한이 존재할 여지가 없는 지대">47일 것이다. 그러나 유감스럽게도 우리가 현실적으로 처해 있는 도덕적 상황은 결코 이해관계의 방임을 통해 그와 같은 도덕적 무정부주의(moral anarchy)의 이상이 저절로 실현될 수 있는 상황이 아니다. 오히려 우리의 상황은 이른바 '수인의 딜레마(Prisoner's Dilemma)' >48 상황과 유사한 상호작용의 구조를 보여 준다. 다시 말

>**44** *MA*, 20면.

>**45** *MA*, 84면.

>**46** *MA*, 83면.

>**47** *MA*, 84면.

>**48** 수인(囚人)의 딜레마란 검찰관에게 각각 개별적으로 심문을 받는 두 명의 수인이 전형적

해 우리는 자기 이익의 극대화로 이해된 개별적 합리성(individual rationality)이 집단적 비합리성(collective irrationality)으로 귀결될 수밖에 없는 전형적인 갈등 상황들에 의해 둘러싸여 있다. 고티에에 따르면 개인들은 그와 같은 상황에서 자기 이익의 극대화를 제한하는 선택을 해야만 한다. 그리고 그와 같은 선택은 바로 극대화를 골자로 하는 합리성 그 자체에 의해 요구되는 것이다. 요컨대 시장의 실패는 개인적인 자기 이익과 집단적인 상호 이익을 비(非)강제적으로 조정할 필요성을 제기하는데, 자기 이익의 추구에 대한 도덕적 제한은 바로 그와 같은 시장의 실패에 대한 합리적인 교정책이라는 것이다.

이때 사회계약론이라는 이론 모델은 고티에에게 있어서 도덕적인 제한이 합리적으로 선택되도록 보장하기 위한 장치이다. 다시 말해 사회계약론은 극대화를 골자로 하는 합리성 개념과 상호 이익을 보장하기 위한 제한으로서의 도덕성 개념을 효과적으로 결합할 수 있는 이론적 장치인 것이다. 만약 직접적으로 자기 이익을 극대화하기

으로 겪게 되는 갈등적인 선택의 상황을 말하는 것이다. 그들은 공범이며, 그들 각자는 나머지 한 사람이 자백을 할 것인지의 여부를 알 수 없다. 다만 그들은 아무도 범행을 실토하지 않을 경우 두 사람 모두 비교적 가벼운 1년의 형만 받게 되며, 두 사람이 모두 실토할 경우에는 둘 다 5년의 형을 받게 된다는 것을 알고 있다. 그러나 그들은 또한 한 사람만 실토할 경우 실토한 사람은 풀려나고 실토하지 않은 나머지 한 사람은 10년 동안의 장기 복역을 하게 된다는 것도 알고 있다. 그러한 상황에서 각자는 나머지 한 사람이 실토하지 않는다는 보장이 없는 한 자기가 먼저 실토하는 것이 합리적인 선택이라고 판단하게 되며, 따라서 두 사람은 모두 5년의 형을 받게 된다. 요컨대 각자는 이기적인 결정을 할수록 자기 자신과 타인 모두에게 불리한 상황을 초래하게 되는 것이다. 홉스의 자연 상태는 그와 같은 수인의 딜레마 상황의 전형적인 예라 할 수 있다. 수인의 딜레마 상황의 논리적인 구조와 윤리적인 의미, 그리고 이른바 '호혜적 이타성(reciprocal altruism)'을 매개로 한 그것의 진화생물학적 관련성을 간결하게 해설한 문헌으로는 P. Singer, *How Are We To Live?: Ethics in an age of self-interest*, Oxford University Press, Oxford 1997, Chap. 7 "Tit for Tat" (152~81면) 참조.

위한 개별적 타산들이 실효를 거두기 힘든 수인의 딜레마 상황에 우리가 처해 있다면, 우리는 상호 이익을 통해서 그와 같은 자기 이익을 보장받을 수 있게끔 우리 스스로에게 도덕적인 제한을 부과하자는 데 합의해야만 할 것이다. 그리고 이처럼 도덕적인 제한을 자기 이익에 대한 기대로부터 도출된 합의, 즉 도구적으로 합리적인 행위자들 간의 협상에 의존하는 것으로 이해한다는 것은 곧 도덕성을 자기 이익의 극대화에 기여하는 어떤 것으로서 정당화한다는 것을 의미한다.

그런데 시장의 실패를 협상에 의해 교정한다 함은 우선 사회적인 협력에 의해서 산출된 잉여가치(co-operative surplus)를 협상이라는 합리적 절차를 통해 공정히 분배한다는 것을 의미한다. 고티에에게 있어서 도덕적인 원칙이란 바로 그러한 협상에 임하는 개인들의 자기 이익을 조화롭게 만족시킬 수 있는 합리적인 협상의 원칙을 말하는데, 그와 같은 원칙을 정하기 위한 실마리는 양보에 뒤따르는 부담이 협상의 결렬에 뒤따르는 부담보다 상대적으로 적은 사람이 먼저 양보해야 한다는 것이다. 또한 합리적인 계약 당사자라면 누구나 자신의 상대적인 양보의 최대치를 극소화하려고 할 것이기 때문에 합리적인 협상은 각각의 계약 당사자들의 상대적인 양보치가 서로 일치하는 지점에서 타결을 보게 된다. 협상에 대한 이와 같은 게임 이론의 접근 방식은 "협상에 임하는 개인들의 동등한 합리성은 양보의 최대치가 … 가능한 한 작아야만 한다는 요구조건을 낳는다"[>49]라는 결론으로 우리를 유도해 간다. 고티에는 이와 같은 공평한 협상의 원칙을 "최대 상대 양보의 극소화 원칙(Principle of Minimax Relative

>**49** *MA*, 14면.

Concession)"이라고 부르면서 그것을 다음과 같이 공식화한다.

> 모든 협력적 상호작용에 있어서 합리적인 공동 전략은 각 개인이 자신의 최대한의 요구를 내놓은 다음 상대적인 양으로 볼 때 최대 극소의 양보(minimax concession)보다 더 크지 않은 양보를 제안하는, 협력자들 간의 협상에 의해서 결정된다.>50

그는 결국 자기 이익을 무제한적으로 극대화하려는 전략에 도덕적인 제한을 가하는 이와 같은 원칙에 의해서 협력적인 선택이 합리화된다고 주장하는 셈이다.

그러나 여기에서 결정적으로 중요한 것은 그와 같이 합리적으로 선택된 도덕적 원칙들이 또한 합리적으로 준수되어야만 한다는 점이다. 하사니의 경우와 마찬가지로 고티에의 경우에도 '준수의 합리성'이라는 문제는 도덕성을 합리적으로 정당화하려는 그의 기획의 성패를 좌우하는 가장 핵심적인 사안일 수밖에 없다. 왜냐하면 도덕적인 원칙을 준수하는 쪽이 도구적인 의미에서 진정으로 합리적인, 즉 행위자에게 궁극적으로 이익이 되는 선택이라는 점을 결정적으로 증명하지 못한다면, 이는 결국 "도덕성을 합리적인 선택의 무도덕적인 전제들로부터 하나의 합리적인 제한으로서 산출">51하려던 그의 기획이 실패로 돌아갔음을 의미할 것이고, 따라서 당연히 그 기획의 적실성과 함께 그것의 토대를 이루고 있는 도구적 합리성 개념의 정당성도 의심받게 될 것이기 때문이다. 따라서 우리는 '준수의 합리

>50 *MA*, 145면.

>51 *MA*, 4면.

성'에 관한 고티에의 논변이 이른바 무임승차자의 문제(free-rider problem)>52를 완전히 해결하여 도덕적인 선택의 도구적인 합리성을 결정적으로 입증하고 있는가의 여부에 우선적으로 관심을 기울여야만 한다. 환언하면 협상을 통해 협력적인 공동 전략에 합의한 사람들이 실제로 최대 상대 양보의 극소화 원칙이 요구하는 제한을 받아들여 자발적으로 자기 이익의 극대화를 억제하는 성향을 갖게 될 것인가의 여부가 도덕성의 합리성에 관한 문제의 관건인 것이다.

고티에는 이 문제와 관련하여 소위 제한적 극대화의 성향(disposition to constrained maximization)과 그런 성향을 가진 사람, 즉 제한적 극대화를 추구하는 사람(constrained maximizer)을 합리적인 준수의 모델로서 부각시키고 있다. 제한적 극대화를 추구하는 사람은 소위 직선적 극대화를 추구하는 사람(straightforward maximizer), 즉 상대방이 어떤 성향을 가지고 있든지 간에 항상 무조건적으로 자기 이익을 극대화하려고 하는 사람과는 달리 "어떤 개별적 전략이 보다 더

>52 무임승차자의 문제란 특히 공공재의 설비와 관련하여 시장의 실패가 야기되는 경우를 말한다. 넓은 의미에서는 개별적인 일탈 행동에 의해 전체의 도덕적인 질서가 교란되는 모든 경우가 무임승차자의 문제에 해당된다고 볼 수 있다. 이 문제의 핵심은 전체 집단의 규모가 상당히 큰 경우에 각 개인이 자신의 본분을 회피하고 싶은 유혹을 느끼게 된다는 데 있다. 각 개인의 행위는 집단 전체의 질서에 그리 큰 영향을 미치지 않는다. 또한 각 개인은 타인들의 행위에 의해서 유지되고 있는 질서를 어떻게든 이미 주어진 것으로 간주한다. 만약 그러한 질서가 어떻게든 유지되고 있다면, 각 개인은 그러한 질서의 유지에 기여하지 않고서도 그 질서의 혜택을 향유할 수 있을 것이다. 그리고 만약 질서가 유지되지 않고 있다면, 각 개인이 자신의 본분을 다한다고 해도 상황은 바뀌지 않을 것이다. 결국 공공의 질서는 그와 같은 무임승차 행위에 의해 교란될 수밖에 없다. 왜냐하면 타인들이 질서의 유지에 기여를 하건 말건 간에 각각의 개인은 무임승차가 합리적이라고 판단할 수 있기 때문이다. 그런 의미에서 무임승차자의 문제를 해결한다는 것은 곧 '준수의 합리성'을 증명한다는 것과 같다고 할 수 있다. 이에 관해서는 박정순, 「고티에의 합의도덕론과 그 정치철학적 위상」, 372~4면 참조.

큰 기대 효용을 산출하는지의 여부를 고려하지 않고 공동 전략에 자기 행위의 기초를 두는 제한적(conditional) 성향을 가진"[53] 사람이다. 하지만 그런 사람은 무조건적으로 자기를 희생하는 사람이라기보다는 오히려 호혜적인 이타주의를 실천하는 사람, 즉 "타인들로부터 유사한 준수를 기대할 수 있다는 조건하에서 서로에게 이익이 되는 도덕적 제한을 준수하려는 성향을 가진 사람"이다. 그런 사람은 물론 무임승차자들의 기만적인 술책으로 인해 가끔씩 손해를 보기도 할 것이다. 그러나 고티에에 따르면 그런 사람은 궁극적으로 무임승차자들이 그에게 기생함으로써 얻을 수 있는 이익보다 더 많은 이익을 협력으로부터 얻게 될 것이라고 한다. 결국 고티에가 보여 주고자 하는 것은 "상호 이득(mutual advantage)에 근거한 의무들을 준수하지 않고 이익(interest)에 호소하는 것을 승인하는 것은 불합리"한 반면에 "우리의 선택을 지배할 도덕적 원칙들을 내면화함으로써 극대화 행동을 제한하는 성향을 갖는 것은 합리적"[54]이라는 점이다.

이렇게 볼 때 도덕성은 단적으로 말해서 제한적 극대화와 직선적 극대화를 양변으로 하는 대차대조의 산물인 셈이다. 그리고 이는 곧 자기 이익의 증진이 모든 합리적 행위자들의 전략적인 목표라고 가정할 때 "전략적인 맥락에서는 직선적으로 극대화를 꾀하는 선택보다는 오히려 제한된 선택을 하려는 성향이 효용을 극대화한다"[55]는 고려에서 도덕성이 비롯되었다는 얘기일 것이다. 고티에는 이와 같은 논변이 '보수적인' 도덕철학자들의 반감을 사게 되리라는 것을 예상하면서도 "한 개인이 어떤 행위를 해야만 하는 이유를 구성하는

>**53** *MA*, 167면.

>**54** *MA*, 15면.

>**55** *MA*, 183면.

고려는 반드시 그 개인과 어떤 특수한 관계가 있는 것이어야만 한다"는 이유에서 "도덕적인 존재로서의 우리의 본성을 우리의 개인적인 선호의 만족에 대한 우리의 일상적인 관심과 관련">56시키지 않으면 안 된다고 주장한다.

이처럼 고티에는 합의된 공동 전략을 준수하는 것, 즉 제한적 극대화의 성향을 갖는 것이 합리적인 선택임을 일관되게 강조한다. 또한 그는 도덕성이 합리성과 일치할 수 있는 조건을 전술한 것처럼 수인의 딜레마 상황이 예시하는 이해관계의 갈등 구조에서 찾는다. 다시 말해 그는 소위 극대화를 골자로 하는 합리성 개념에 의거하여 도덕성을 수인의 딜레마 상황과 유사한 갈등 상황에서 상호 이익을 보장해 줄 협력 상황으로 나아가기 위한, 개인적인 극대화의 합리적인 제한으로 간주하는 것이다. 여기에서 도덕성이 합리성과 일치할 수 있는 조건이란 간단히 말해서 제한적 극대화를 추구하는 사람의 기대 효용이 직선적 극대화를 추구하는 사람의 기대 효용보다 더 커야만 한다는 것이다. 제한적 극대화를 추구하는 사람은 오직 그와 같은 조건하에서만 공동 전략에 따라서 행위할 것이다. 요컨대 제한적 극대화를 추구하는 사람의 기대 효용이 직선적 극대화를 추구하는 사람의 기대 효용보다 더 클 때, 그리고 오직 그 때에만 제한적 극대화의 성향을 갖는 것이 합리적인 선택일 수 있는 것이다.

>56 *MA*, 184면. 고티에가 생각하고 있는 것처럼 가치 체계와 동기 체계의 완전한 일치는 모든 행위자에게 있어서 하나의 바람직한 이상임에는 틀림없다. 또한 그런 의미에서 우리는 도덕성이 가능한 한 우리들 각자에게 동기를 부여하는 효력을 가져야만 한다는 그의 주장을 이해할 수 있다. 그러나 그와 같이 도덕성을 우리들 각자의 개체성과 관련시켜야 한다는 요구가 오직 우리의 욕망이나 선호에 대한 도덕성의 도구적 효용을 가정함으로써만 충족될 수 있는지는 매우 의심스럽다. 이 문제에 관해서는 V장에서 논의할 것이다.

그런데 고티에는 바로 우리가 현실적으로 처해 있는 상황들이 그와 같은 조건, 즉 제한적 극대화 성향을 갖는 것이 합리적이기 위한 조건을 충족시키며, 따라서 우리는 합리적이기를 원하는 한 제한적 극대화의 성향을 갖는 쪽을 선택해야만 한다고 주장한다. 자기 이익의 극대화로 이해된 도구적 합리성에 의거하여 도덕성을 정당화하려고 하는 고티에의 기획은 그와 같은 '준수의 합리성'이라는 가정에 궁극적으로 의존하고 있다. 따라서 그러한 가정을 검토하여 제한적 극대화의 성향을 갖는 것이 진정으로 행위자에게 이익이 되는 선택인지의 여부를 결정하는 것이야말로 합리성의 도구적인 개념이 도덕성의 견고한 기초가 될 수 있는가를 판가름하기 위한 시금석이라 할 수 있을 것이다.

그렇다면 합의된 공동 전략을 준수하는 것은 과연 고티에의 주장대로 합리적인 선택일까? 도구적인 의미에서 합리적인 사람, 그 중에서도 특히 제한적 극대화를 추구하는 사람의 선택은 그 누구의 선택보다도 더 전략적으로 용의주도해야만 할 것이다. 왜냐하면 수인의 딜레마 상황과 유사한 전형적인 갈등 상황에서는 상호작용의 '상호'성에 대한 면밀한 이해가 없이는 자기 이익의 극대화라는 목표를 결코 달성할 수 없을 것이기 때문이다. 그리고 이는 곧 합리적인 사람이라면 그와 상호작용을 나누는 상대방이 직선적 극대화를 추구하는 사람인지, 아니면 제한적 극대화를 추구하는 사람인지를 잘 가려서 상황에 따라 선택을 달리해야만 하리라는 것을 의미한다. 왜냐하면 제한적 극대화 성향의 합리성 여부는 협력에 대한 타인들의 성향이 어떤 것인가에 따라, 그리고 각각의 행위자가 그것을 정확히 인지하여 상황에 맞게 적절히 대응하는지의 여부에 따라 크게 달라지기 때문이다.

그런데 만약 직선적 극대화를 추구하는 사람이 제한적 극대화를 추구하는 사람으로 행세할 수 있고 제한적 극대화를 추구하는 사람이 직선적 극대화를 추구하는 사람으로 오인될 정도로 모든 행위자들의 행위 성향이 불투명(opaque)하다면, 우리는 모두 잠재적으로 기만하는 자이거나 기만당하는 자일 것이며, 따라서 우리는 우리의 행위가 합리적일 수 있으리라는 희망을 결코 품을 수 없을 것이다. 또한 만약 직선적 극대화를 추구하는 사람은 직선적 극대화를 추구하는 사람으로 보이고 제한적 극대화를 추구하는 사람은 제한적 극대화를 추구하는 사람으로 보일 정도로 모든 행위자들의 행위 성향이 투명(transparent)하다면, 우리는 그저 직선적 극대화를 추구하는 사람과는 협력하지 않고 제한적 극대화를 추구하는 사람과 협력하기만 하면 될 것이다. 고티에는 이와 같은 가상적인 상황을 다음과 같이 묘사한다.

> 각 개인은 상대방의 성향을 직접적으로 알고 있으며, 따라서 자신이 직선적 극대화를 추구하는 사람과 상호 작용하고 있는지, 아니면 제한적 극대화를 추구하는 사람과 상호 작용하고 있는지를 알고 있다. 위장(deception)은 불가능하며, 홉스의 바보(Foole)는 자신의 본모습을 노출할 수밖에 없다.>57

그러나 이와 같은 '행위 환경의 완전한 투명성'에 관한 가정은 '행위 주체의 완전한 합리성', 예컨대 완벽한 정보 처리 능력을 전제

>57 *MA*, 174면. 여기에서 홉스의 바보란 계약의 이행을 명하는 홉스의 제3자연법에 도전하는 사람, 즉 "홉스와 우리가 공히 확증하려고 하는 이성과 도덕 간의 연관의 핵심 — 최대 효용의 직접적인 추구에 대한 도덕적 제한을 받아들이는 것이 합리적이라는 점 — 에 도전"(*MA*, 161면)하는 사람이다. 간단히 말해서 홉스의 바보란 바로 직선적 극대화를 추구하는 무임승차자라 할 수 있다.

로 하는 호모 에코노미쿠스의 인지적 합리성에 관한 가정만큼이나 비현실적이다. 그렇기 때문에 고티에는 "우리의 이상적인 가정을 현실적인 세계와 관련"시키기 위해 투명성 대신에 이른바 반(半)투명성(translucency)을 가정한다. 그에 따르면 반투명성이라는 좀 더 현실적인 조건하에서는 "개인들은 투명하지도 불투명하지도 않기 때문에 협력적이거나 비협력적인 그들의 성향은 확실한 정도까지는 아니라 해도 단순한 추측 이상의 어떤 것으로서 타인들에 의해 확인될 수 있다."[58]

그러나 '준수의 합리성'을 보증받아야만 하는 우리로서는 "단순한 추측 이상"이라는 데 안심하기보다는 "확실한 정도까지는 아니"라는 점을 심각하게 받아들일 수밖에 없다. 물론 고티에 자신도 이 점을 잘 알고 있다.

> 만약 개인들이 반투명하다면, 제한적 극대화를 추구하는 사람들은 가끔씩 서로를 알아보지 못할 것이며, 따라서 협력을 해야만 서로에게 이득이 될 텐데도 오히려 비협력적으로 상호 작용할 것이다. 제한적 극대화를 추구하는 사람들은 가끔씩 직선적 극대화를 추구하는 사람들을 식별하지 못할 것이며, 따라서 협력적으로 행위할 것이다. 반면에 만약 직선적 극대화를 추구하는 사람들이 제한적 극대화를 추구하는 사람들을 정확히 식별한다면, 전자는 후자를 역이용할 수 있을 것이다.[59]

그렇기 때문에 문제는 이와 같은 반투명성의 조건하에서 제한적

---

[58] *MA*, 174면.

[59] 같은 곳.

극대화의 성향으로 표출되는 도덕성이 직선적 극대화의 성향을 늘 압도할 수 있는가 하는 점이다. 고티에의 주장대로 효용의 극대화를 추구하는 개인들에게 직접적인 효용의 극대화에 대한 공평한 제한이 수인의 딜레마 상황에 대한 합리적인 반응임을 납득시킬 수 있다고 해도 협력에 대한 그들의 성향이 완전히 투명하지 않다면 사실상 그들로 하여금 제한적 극대화의 성향을 갖는 것, 즉 협력에 의해 요구되는 제한을 받아들이는 것이 합리적인 선택임을 확신하게 할 방법은 존재하지 않는 것처럼 보인다. 그렇다면 도덕성을 도구적 합리성에 의거해서 정당화하려던 기획은 예기치 못했던 자기모순에 봉착할 수도 있다. 다시 말해 우리는 고티에의 의도와는 반대로 도덕적인 것은 때때로 합리적이지 않다고 말해야 하는 상황에 봉착할 수도 있는 것이다.[60] 필자는 그와 같은 자기모순을 본격적으로 분석하기에 앞서 도덕성을 합리적으로 정당화하려는 기획의 다른 한 축을 형성해 온 롤스의 정의론을 마지막으로 살펴보고 거기에 내포된 합리적 선택 이론과 도덕철학 간의 내적인 긴장 관계를 분석해 보려고 한다.

2. 합리적 선택 이론과 도덕철학의 불화: 롤스의 경우

롤스는 『정의론』에서 고티에와 마찬가지로 사회계약론적인 이론 모델을 원용하여 정의의 원칙들로 표현되는 도덕성을 계약 당사자들의 합리적인 선택의 결과로서 정당화하려고 한다. 그가 말하고 있는 것

>60 필자는 하사니, 고티에, 그리고 롤스가 공통으로 드러내는 그와 같은 도구적 합리성의 자기모순을 Ⅳ장에서 중점적으로 논의할 것이다.

처럼 "나[롤스]의 목표는 가령 로크, 루소, 그리고 칸트에게서 발견되는 잘 알려진 사회계약론을 일반화하고 고도로 추상화한 하나의 정의 개념을 제시하는 것이다."[>61] 그런데 여기에서 특기할 만한 사실은 롤스가 홉스를 그가 옹호하는 사회계약론적 법통의 한 선구자로 지목하지 않고 있다는 점이다. 실제로 그의 정의론은 합리적 선택 이론의 관점에서는 합리성에 대한 외부적 제약으로 보일 수도 있는 도덕적 가정들을 자주 내세운다는 점에서 고티에가 옹호하고 있는 홉스적 전통과는 상당한 거리가 있어 보이는 것이 사실이다. 전술한 바와 같이 일부 도덕철학자들은 이를 근거로 사회계약론의 전통을 상호 이익으로서의 도덕성을 옹호하는 홉스적 사회계약론과 공평성으로서의 도덕성을 옹호하는 칸트적 사회계약론으로 양분하고 고티에를 전자의 대표자로, 롤스를 후자의 대표자로 간주하기도 한다.[>62] 그들은 롤스의 정의론이 오직 도구적 합리성에만 의존하고 있지는 않은 것처럼 보인다는 사실을 보다 적극적으로 해석하는 경향이 있다. 앞으로의 논의를 통해서 드러나겠지만 롤스는 이와 같이 합리성과 도덕성의 관계에 대하여 다소 애매한 태도를 보이고 있는 것이 사실이다. 그리고 이와 같은 태도는 정의론을 합리적 선택 이론의 일부로 보면서도 정의의 원칙들을 고티에처럼 철저히 무도덕적인 합리성으로부터 도출함으로써 도덕성이 그러한 합리성의 일부분임을 엄밀히 논증하려 하지 않고 오히려 도덕성을 논증의 출발선상에서부터 이미 전제하고 있는 듯한 그의 논증의 구조에서 연유한다.

하지만 그와 같은 애매함에도 불구하고 롤스의 정의론은 전체적

>61 *TJ*, 10면.

>62 이에 관해서는 W. Kymlicka, "The social contract tradition", 188~95면 참조.

으로 볼 때 합리적 선택 이론의 구도에 맞추어져 있는 것처럼 보인다. 그에게 있어서 정의의 원칙들은 공정한 합의 또는 협상이라는 절차를 통해서 합리적인 개인들에 의해 선택되는 것이다. 자기 이익의 극대화를 추구하는 자유롭고 합리적인 개인들은 사회적인 협력을 통해 그들의 기본적인 권리와 의무를 어떻게 규정하고 사회적인 이득을 어떻게 분배할 것인지를 결정하는 원칙들을 공동으로 선택할 수 있다. 그러한 원칙들은 말하자면 "자기 자신의 이익을 증진시키고 싶어 하는 자유롭고 합리적인 개인들이 평등한 최초의 입장에서 그들의 공동체의 기본적인 조건들을 규정하는 것으로서 받아들이게 될 원칙들"[63]이다. 이 원칙들은 가장 추상적인 수준에서 다음과 같이 공식화된다.

> 첫째, 각 개인은 타인들의 유사한 자유와 양립할 수 있는 가장 광범위한 기본적 자유를 누릴 평등한 권리를 가져야만 한다. 둘째, 사회적인 불평등과 경제적인 불평등은 만인에게 이득이 될 것으로 정당하게 기대되도록, 그리고 만인에게 개방된 지위 및 직위와 결부되도록 조정되어야만 한다.[64]

이 두 원칙 중에서 전자는 "기본적인 권리와 의무의 할당에 있어서의 평등"을 요구하는 원칙인 반면에 후자는 "사회적인 불평등과 경제적인 불평등, 예를 들어 부와 권력의 불평등은 만인에게, 특히 사회의 최소수혜자에게 보상적인 이익을 가져오는 경우에만 정당하다"[65]는 것을 취지로 하는 원칙이다. 여기에서 필자의 목적과 관련

>63 *TJ*, 10면.

>64 *TJ*, 53면.

하여 중요한 것은 그와 같은 정의의 원칙들의 타당성 여부가 아니라 그러한 원칙들로 표현되는 도덕성이 자유롭고 합리적인 개인들 사이에서 이루어진 합리적 합의의 결과로서 설정되고 있다는 점이다.

이와 같은 정의론의 기본 구도 안에서 도덕성과 합리성의 관계가 어떻게 설정되고 있는가를 이해하기 위한 실마리는 무엇보다도 평등한 최초의 입장으로 설정된 원초적 입장에서 발견될 수 있다. 왜냐하면 롤스에게 있어서 원초적 입장은 단순히 합의의 공정성을 보장할 수 있도록 설계된 이론적 보조 장치에 불과한 것이 아니라 근본적으로 합리적인 계약 당사자들을 일정한 정의의 개념으로 유도하는 역할을 맡은, 도덕성의 원초적 가능 조건이기 때문이다. 롤스는 원초적 입장을 특징짓는 두 가지 조건으로 이른바 무지의 장막과 계약 당사자들의 합리성을 들고 있다. 그에 따르면 무지의 장막이라는 조건하에서는 "아무도 사회 안에서의 자신의 위치, 즉 그의 계급적인 입장이나 사회적인 지위를 모르며, 아무도 자신이 지능, 힘 등등의 천부적인 자산과 능력을 얼마만큼 타고났는지를 모른다." 심지어 "계약의 당사자들은 자신들의 선에 대한 관념이나 특수한 심리적 성향조차 알지 못한다."[>66] 이와 같이 자신의 개인적인 정체성에 관하여 아무런 정보도 가질 수 없는 상황에 처한, 롤스의 합리적인 계약 당사자들은 이제 그러한 상황이 허락하는 한도 내에서 가장 합리적인 선택을 통해 정의의 원칙들을 확정해야만 한다.

그런데 롤스의 경우에도 역시 문제는 그가 어떤 종류의 합리성 개념에 준하여 계약 당사자들의 합리성을 설정하고 있는가 하는 것이다.

>65 *TJ*, 13면.

>66 *TJ*, 11면.

일단 원초적 입장에 처해 있는 계약의 당사자들이 무엇보다도 "자기 자신의 이익을 증진시키고 싶어 하는 자유롭고 합리적인 개인들">67 이라는 점에 주목할 때 우리는 롤스 역시 하사니나 고티에와 마찬가지로 극대화로서의 합리성 개념을 채택하고 있음을 알 수 있다.

> 일반적으로 합리적인 개인은 그에게 개방된 선택지들 사이에서 일련의 일관된 선호들을 갖는다고 생각된다. 그는 그의 목표의 달성을 얼마나 효과적으로 촉진하느냐에 따라 그런 선택지들을 평가하며, 그의 욕망을 조금밖에 만족시키지 못할 것 같은 계획보다는 보다 많이 만족시켜 줄 것으로 기대되는, 그리고 성공적으로 실행될 가능성이 보다 더 큰 계획을 따른다.>68

그렇기 때문에 합리적인 계약 당사자들은 "자신들이 보통은 기본적인 사회적 재화(primary social goods)를 조금밖에 못 갖는 것보다는 보다 많이 갖게 되는 쪽을 더 선호한다고 가정"하며, "일반적으로 자신들의 자유를 지키고, 자신들의 기회의 폭을 넓히며, 자신들의 목표가 무엇이든 간에 그것의 달성을 촉진할 수단을 확대하기 위해 노력해야만 한다는 것을 알고 있다.">69

더욱이 이와 같은 합리성은 오로지 각각의 계약 당사자 자신에게만 충실한 것이어서 타인들에 대한 자비심이나 질투심이 거기에 개입될 여지는 전혀 없다. 그런 점에서 그것은 이른바 "상호 무관심한 합리성(mutually disinterested rationality)"이다. 다시 말해 "계약의 당사자들은 서로에게 이익을 주거나 손해를 끼치려고 하지 않으며, 애

>67 *TJ*, 10면.

>68 *TJ*, 124면.

>69 *TJ*, 123면.

정이나 증오로 동요되지도 않는다."[>70] 자비심이 없다는 것은 곧 효용의 사회적인 총량에 대한 공리주의적 배려 없이 오직 자기 이익의 극대화에만 전념한다는 뜻이다.[>71] 그리고 질투심이 없다는 것은 곧 남의 손해를 조건으로 자신의 이익을 조금이라도 포기할 의사가 없다는 것이다. 요컨대 상호 무관심한 합리성이란 합리적인 계약 당사자들의 온전한 자기중심주의, 즉 남이 잘되건 못되건 간에 제각기 자신의 인생 계획이 그 자체로 충분하다(sufficient for itself)고 생각하는 그들의 자족적인 태도를 말한다.

롤스는 이와 같은 계약 당사자들의 합리성을 목적과 수단의 관계에 적용되는 것과 똑같은 가치중립적 행위 규범으로 한정함으로써 자신이 옹호하고자 하는 합리성의 개념이 도구적인 성격의 개념임을 분명히 밝히고 있다. 그에 따르면 "합리성이라는 개념은 가능한 한 경제 이론에서 표준이 되고 있는 것과 같은 좁은 의미로, 즉 주어진 목적을 달성케 할 가장 효과적인 수단을 취한다는 의미로 해석되어야만" 하며, 따라서 "우리는 합리성 개념에 논란의 여지가 있는 윤리적 요소들이 단 하나라도 끼어들지 못하게 막으려고 노력해야만 한다."[>72] 결국 롤스가 채택한 도덕성의 정당화 전략은 고티에의 어법으로 표현하면 "도덕성을 합리적인 선택의 무도덕적인 전제들로부터 하나의 합리적인 제한으로서 산출"[>73]하기 위한 기획의 일부인 것

>70 *TJ*, 125면.

>71 롤스에게 있어서 계약 당사자들의 상호 무관심한 합리성은 이처럼 당대의 가장 유력한 도덕 이론으로 회자되던 공리주의에 반대하기 위한 구실이 되기도 한다. 그에 따르면 "강력하고 영속적인 자선 충동이 없는 한, 합리적인 사람은 그 자신의 기본적인 권리와 이해관계에 미칠 항구적인 결과에 상관없이 이득의 산술적인 총량을 극대화한다는 이유만으로 어떤 기본 구조를 받아들이지는 않을 것이다."(*TJ*, 13면)

>72 *TJ*, 12면.

이다. 그리고 그에게 있어서 사회계약론이라는 장치는 그러한 기획이 성공할 수 있도록 이끌어 주는 가장 적절한 이론 모델이다.

> 사회계약론적인 설명 방식(contract terminology)은 '정의의 원칙들이 합리적인 개인들에 의해 선택될 원칙들로 이해될 수 있으며, 이와 같은 방식으로 정의의 개념이 설명되고 정당화될 수 있다'는 생각을 전해 준다는 장점이 있다.>74

요컨대 사회계약론이라는 이론적 장치는 합리성의 도구적인 개념을 옹호하는 도덕철학자에게 정당화(justification)의 문제를 합리적인 숙고(rational deliberation)의 문제로서 다룰 수 있는 기회를 제공한다는 것이다. 왜냐하면 "우리는 계약 상황이 주어졌을 때 어떤 원칙들을 채택하는 것이 합리적일까를 확정해야만 하기">75 때문이다. 이렇게 해서 도덕성과 합리성의 관계는 사회계약론적인 이론 모델을 매개로 해서 합리적 선택 이론에 더욱더 부합되는 국면으로 접어들게 된다. 그리고 이는 "정의론은 합리적 선택 이론의 일부이며, 어쩌면 가장 중요한 일부일지도 모른다">76는 롤스의 선언에서도 확인된다.

그런데 특이한 점은 합리적인 선택의 '무도덕적인' 전제들로 구성되어 있어야 할 원초적 입장에 오히려 '도덕적인' 과부하가 실려 있는 것처럼 보인다는 점이다. 아닌 게 아니라 롤스의 원초적 입장은

>73 *MA*, 4면.

>74 *TJ*, 14~5면. 인용부호('…')는 문장의 구조에 대한 이해를 돕기 위해 필자가 삽입한 것이다.

>75 *TJ*, 16면.

>76 *TJ*, 15면.

이른바 무지의 장막에 의해 이미 상당한 정도로 도덕화되어 있는 것이 사실이다. 왜냐하면 계약 당사자들의 자기 정체성에 관한 정보를 정의의 원칙들의 선택을 위한 고려에서 배제하도록 이론적으로 미리 규정할 경우에는, 계약 당사자들이 특별히 도박을 즐기는 모험적 성향을 갖고 있다고 가정할 근거가 없는 한, 처음부터 자기 이익에 대한 고려와 상호 이익에 대한 고려, 합리적인 타산과 공평한 도덕성이 동일한 지점으로 수렴될 수밖에 없기 때문이다.

원초적 입장에 처한 각각의 계약 당사자들은 처음에는 그들 각자의 자기 이익을 극대화하기 위해 최선을 다할 각오가 되어 있겠지만, 그들 각자가 자신이 차지하게 될 사회적 지위가 무엇인지를 전혀 알 수 없게 되어 있는 상황에서는 문제가 좀 더 복잡해질 수밖에 없다. 왜냐하면 그러한 상황에서 그들에게 어떤 것이 그들 각자의 자기 이익을 극대화할 원칙인가를 결정하라고 요구하는 것은 곧 어떤 것이 만인의 이익을 공평히 배려할 원칙인가를 결정하라고 요구하는 것과 다를 바가 없을 것이기 때문이다. 나의 이익을 증진시킬 원칙이 어떤 것인가를 '무지의 장막 뒤에서' 결정하려면 나는 일단 타인들의 입장에 서 보고 어떤 원칙이 그들의 이익을 증진시킬 것인가를 생각해 보아야만 한다. 왜냐하면 나는 장차 그들 중 어느 누구와도 같은 처지에 놓일 수 있을 것이기 때문이다. 결국 무지의 장막이라는 조건하에서는 자기 이익(self-interest)을 추구하는 것이 자선(benevolence)을 베풀 의도를 갖는 것과 사실상 별로 다를 것이 없다. 왜냐하면 나는 모든 계약 당사자들에 대한 공감과 그들과의 가언적인 동일시를 통해 그들의 이익을 마치 나 자신의 이익인 양 배려해야만 하기 때문이다.>77 따라서 각각의 계약 당사자는 그 자신이 최악의 사회적 지위를 갖게 될 경우에 그나마 다행스럽다고 생각하게 될 대안을 찾으려고 할 것이다. 다시 말해 그는 가능한 한 평등을 유지하려고 노력하되 사회적이고 경제적인 불평등을 불가피하게 허용해야 할 경우에는 최소수혜자의 기대치를 가능한 한 극대화하게 될 이른바 '최소극대화 규칙(maximin rule)'>78을 정의의 원칙으로 선택하는 것이 가장 합리적이라고 생각하게 될 것이다.

이와 같은 입장에는 일견 '모든 개인들은 나 못지않게 중요하므로 나는 그들을 도덕적으로 나와 동등하게 배려하지 않으면 안 된다'는 것을 골자로 하는 도덕적 평등의 이념이 내포되어 있는 것처럼 보인다. 여기에서 중요한 것은 모든 개인들이 잠재적으로 나에게 이롭거나 해롭기 때문에 내가 그들을 동등하게 배려해야만 하는 것은 아니라는 점이다. 오히려 내가 그들을 동등하게 배려해야만 하는 이유는 그들이 다름 아닌 '목적 그 자체'이기 때문이다. 다시 말해 그들은 모두 "도덕적인 인격, 즉 자신의 선에 대한 관념을 가지며 모종의 정의감을 발휘할 능력이 있는 존재">79로서 평등하기 때문이다. 따라서 만약 정의로운 제도들을 마련하고 존속시키는 것이 우리의 의무라면, 그러한 의무는 상호 이익을 위한 합의에서 비롯된 것이 아니라 인격의 존엄성에 근거를 둔 것이다.

바로 이런 요인 때문에 때때로 롤스의 정의론은 오직 도구적 합리성에만 의존하고 있지는 않은 것처럼 보이는 것이 사실이다. 그리고

>77 바로 이러한 점을 고려해서 스터버는 무지의 장막이라는 이론적 장치가 요구하는 공평성으로서의 도덕성을 "가공의 무지의 장막 뒤에 있는 사람들이 만장일치로 행해져야 한다는 데 동의할 그런 행위를 하라"(J. P. Sterba, *Three Challenges to Ethics: Environmentalism, Feminism, and Multiculturalism,* 21면)는 칸트적 정언명법의 형식으로 적절히 표현하고 있다.

>78 이 규칙에 관한 상세한 설명으로는 *TJ,* 132~6면 참조.

>79 *TJ,* 17면.

이처럼 사회계약이라는 절차의 도구적인 합리성에 의거해서 정당화되어야 할 도덕성이 사회계약이 성립되는 조건 속에 이미 함축되어 있는 듯한 논증의 구조는 하사니의 경우와 마찬가지로 선결문제요구의 오류를 범하고 있다는 비난을 면하기 어려운 것처럼 보인다. 만약 공정으로서의 정의가 공정한 원초적 입장에서 합의된 것이라면, 원초적 입장은 애초부터 공정으로서의 정의의 원칙들을 산출할 수밖에 없도록 설계된 초기 상황일 것이다. 이런 연유로 이른바 '공정성의 도덕적 순환성'이라고 명명된 논리적 악덕이 롤스적인 사회계약론 모델의 결정적인 문제점이라는 지적이 제기되기도 한다.>80

우리는 과연 그와 같은 논증의 구조가 순환적이며, 따라서 논리적으로 심각한 결함을 노정하고 있다고 생각해야만 할까? 만약 하나의 사실로부터 또 하나의 다른 사실을 도출하는 것이 논리적으로 '순환'이 아니라면, 하나의 도덕적인 직관으로부터 거기에 부합하는 또 하나의 도덕적인 직관을 도출하는 것도 '순환'이라고 볼 수만은 없을 것이다. 사실상 하나의 당위로부터 또 하나의 다른 당위를 도출하는 것이 논리적인 '순환'이라고 굳이 강변하는 사람들은 호모 에코노미쿠스의 도구적 합리성에 관한 무도덕적 사실들에 의거해서 도덕성을 정당화하는 합리적 선택 이론의 일반적인 논증 구조가 소위 '자연주의적 오류'를 범하는 것일지도 모른다는 사실에도 마찬가지로 민감하게 반응해야만 할 것이다. 아니면 적어도 '순환'은 오류이고 '자연주의'는 오류가 아닌 이유를 설명해야만 할 것이다. 이런 점들을 감안할 때 어쩌면 우리는 롤스처럼 계약의 당사자들이 공정성을

>80 롤스의 사회계약론 모델에 나타난 '공정성의 도덕적 순환성'에 관한 설명으로는 박정순, 「현대 윤리학의 사회계약론적 전환」, 한국사회 · 윤리연구회 편, 『사회계약론 연구』, 철학과현실사, 서울 1993, 173~207면 참조.

기할 수밖에 없도록 설계된 초기 상황에서 그와 같은 공정성을 구체화할 정의 원칙들의 세목(細目)에 합의할 수 있다고 설명하는 것은 한 도덕철학자가 자신의 도덕적 직관을 용의주도하게 상술하는 하나의 효과적인 방법이라고 말할 수도 있을 것이다.

하지만 그와 같은 설명 방식은 하나의 규범 이론으로서는 아니라고 해도 최소한 도덕성 자체를 정당화하기 위한 논변으로서는 심각한 결함을 보이고 있는 것이 사실이다. 다시 말해 그것은 '우리는 어떤 도덕적 규범을 준수해야만 하는가?' 라는 물음에 대한 대답이 될 수는 있어도 '왜 우리는 도덕적이어야 하는가?' 라는 물음에 대한 대답은 될 수 없다. 왜냐하면 하나의 구체적인 도덕적 규범이 아닌 도덕성 그 자체를 또 다시 도덕성에 의거해서 정당화하는 논변은 그것이 애초에 표방했던 합리적 선택 이론의 관점에서 보면 명백히 선결문제요구의 오류를 범하는 것이기 때문이다.

바로 그런 이유에서 고티에는 "정의론은 합리적 선택 이론의 일부이며, 어쩌면 가장 중요한 일부일지도 모른다"는 롤스의 선언이 "그 결과로 나타난 것보다는 더 강한 주장"이라고 말하면서 롤스가 "도덕과 합리적인 선택 간의 심층적인 연관"[81]을 규명하는 작업을 일관되게 수행하지 못했다고 비판한다. 고티에가 "선택을 자신의 정체성을 망각할 필요가 없는 개인들 간의 협상 또는 합의로서 기술"하려고 하는 이유는 바로 여기에 있다. 그는 롤스의 무지의 장막과 같은 가정이 거기에 실려 있는 도덕적 과부하로 인해 선택 상황에 처한 개인들의 도구적 합리성을 일관되게, 그리고 엄밀하게 반영할 수 없다고 주장한다. 그렇기 때문에 그는 롤스가 노정하고 있는 것과 같은 합리

[81] *MA*, 4면.

적 선택 이론과 도덕성의 부정합을 극복하는 것이야말로 도덕성을 도구적 합리성으로부터 도출하려고 하는 도덕철학자가 반드시 만족시켜야만 하는 첫 번째 전제조건임을 역설하고 있다.

> 우리는 도덕성을 일련의 합리적인 선택의 원칙들로서 산출할 것을 주장한다. 우리는 무도덕적인 전제들로부터 추론해 나가는 한 개인이 그의 선택에 대한 도덕성의 제한을 받아들일 것으로 기대되는 이유를 보여 주고자 한다.>82

요컨대 "우리의 관심사는 … 우리의 결론에 나오는 도덕적 개념들 중 어느 하나라도 우리의 논증의 전제들 속으로 끌어들이는 일이 없이 그런 과제를 수행하는 것이다.">83 결국 그는 도덕성을 정당화하기 위해 합리성 이외의 어떤 것을 따로 가정할 필요는 없으며, 따라서 합리성은 그 자체만으로도 도덕성의 충분조건이 될 수 있다고 주장하는 셈이다. 그런 연유로 롤스의 태도는 고티에의 태도에 비해 '도덕성의 합리적인 정당화'라는 본래의 목표에서 상당히 이탈한 것처럼 보이는 것이 사실이다.

이처럼 도구적 합리성에 의거해서 도덕성을 정당화하고자 했던 롤스의 기획은 확실히 일관성을 결여하고 있다. 왜냐하면 그는 자신이 정의론을 합리적 선택 이론의 일부로서 기획했다는 점을 분명히 밝히면서 출발했음에도 불구하고 결과적으로 그의 정의론은 합리적 선택 이론과의 긴장과 불화를 산출하고 있기 때문이다. 도덕성을 합리적 선택 이론에 의거해서 정당화하려고 하는 도덕철학자라면 도덕

>82 *MA*, 5면.

>83 *MA*, 6면.

적인 원칙들이 요구할 수도 있는 불이익을 감수하는 것이 합리적이라는 점을 행위자에게 납득시킬 수 있어야만 한다. 그런데 롤스는 합리적인 계약 당사자들이라면 그들 각자의 자기 정체성에 관한 정보가 배제된 상태에서 정의의 원칙들을 선택해야만 할 경우 직접적으로 그들 각자의 이익을 극대화하고자 하는 전략들이 대단히 위험하고 비합리적인 결과를 초래할 수밖에 없음을 알 것이라고 생각한다. 이는 곧 원초적 입장에 처한 계약의 당사자들이 근본적으로는 모두 타산적이지만, 무지의 장막이라는 조건하에서는 그들의 개별적 자기 정체성에 대한 인식에 의해서 형성된 선호들이 그들의 선택에 영향을 미칠 수 없기 때문에 가장 합리적인 타산과 공평한 정의의 원칙을 선택하고자 하는 동기가 서로 부합할 수 있으리라는 것을 의미한다. 이렇게 볼 때 롤스의 기획에서는 무지의 장막이라는 인식론적 장애가 극대화로서의 합리성과 공평한 제한으로서의 도덕성을 직접적으로 일치시키는 역할을 맡고 있는 셈이다. 다시 말해 롤스는 가령 우리의 현실 속에서 빚어지는 전형적인 갈등 상황들에 대한 분석을 토대로 도덕성의 문제를 수인의 딜레마 상황에서 제기될 수 있는 합리적 협상의 문제로서 제기하고 있는 고티에와는 달리 도덕적인 것이 합리적인 것임을 보여 주기 위해 꼭 필요한 일련의 논증들을 생략하고 원초적 입장으로 명명된 초기 상황의 '설정'을 통해서 곧바로 합리성과 도덕성 사이에 등식을 성립시키고 있는 것이다. 그렇기 때문에 롤스의 기획은 도덕성의 합리적인 정당화에 대한 요구를 만족시켰다기보다는 단지 도덕성과 합리성이 같은 것임을 선언하는 데 그쳤다는 인상을 불러일으키게 된다.

우리는 이 문제, 즉 합의를 도출할 수 있기 위한 전제조건으로서 원초적 입장과 같은 초기 상황을 설정하는 것이 도덕성의 합리성을 증명하기 위한 효과적 전략인지의 여부와 관련하여 어쩌면 하사니에게 그랬던 것처럼 롤스에게도 관대할 수 있을 것이다. 다시 말해 우리는 그 문제를 논증의 과정에서 우연히 발생한 체계적 부정합의 문제쯤으로 치부할 수도 있을 것이다. 왜냐하면 전술한 바와 같이 도덕성을 합리적으로 정당화하려는 시도에서 결정적으로 중요한 것은 합의가 도출되는 과정 자체라기보다는 오히려 도출된 합의를 준수하는 것이 실제로 합리적이라는 점을 증명하는 일이기 때문이다. 정의의 원칙들을 선택하는 과정에 어떤 행위자가 합의의 한 당사자로서 참여했다고 해도 그는 '준수의 합리성', 즉 그러한 도덕적 원칙들의 준수가 그에게 궁극적으로 이롭다는 점이 증명되지 않는 한 합리성을 추구하는 개인으로서 도덕적으로 행위 해야만 하는 이유를 찾을 수 없을지도 모른다.

'준수의 합리성'이라는 문제의 해결은 어떤 의미에서는 서구적인 현대 문명의 역동적인 세속화 과정에 조응하는 도덕철학적 기획의 필수적인 일부분으로 간주될 수 있다. 그렇기 때문에 우리는 근대 이후의 세속화된 도덕철학에 대하여, 그리고 특히 도구적 합리성에 의거해서 도덕성을 정당화하려고 하는 모든 도덕철학자들에 대하여 도덕성이 준수할 수 없는 이상이 아니라 반드시 준수해야만 하는, 그리고 준수하는 것이 '이로운' 어떤 것임을 증명하라는 요구를 정당하게 제기할 수 있다. 다시 말해 그들이 참임을 증명하려고 하는 것이 '도덕성은 도구적으로 합리적이어야 한다'라는 명제가 아니라 '도덕성은 도구적으로 합리적이다'라는 명제인 한, 그들은 세속적인 언어와 방법과 절차로 도덕성이 도구적인 의미에서 실질적으로 합리적인 것임을 증명하지 않으면 안 된다. 만약 도덕성을 '이데아'의 그늘로부터 끌어내려는 동기에서 출발했던 기획이 또다시 도덕성을 준수하기 어려운 '이데아'로 만든다면, 우리는 더 이상 그런 기획에 '도덕성의 합리적인 정당화'라는 이름을 붙일 이유가 없을 것이다.

그러나 유감스럽게도 롤스는 정의의 원칙들이 이른바 질서정연한 사회(well-ordered society)에서 정의감을 가진 개인들에 의해 철저히 준수되리라고 가정할 뿐이다. 다시 말해 그는 준수의 합리성을 '증명'하고 있다기보다는 단지 '희망'하고 있을 뿐이다. 그는 일단 계약 당사자들의 합리성을 정의하는 의미론적 요소의 하나로서 '지키지 못할 약속은 하지 않는다는 것'을 들고 있다.

> 계약의 당사자들은 그들이 지킬 수 없거나 지키기가 몹시 어렵다는 것을 아는 계약은 맺지 않으리라는 점에서 합리적이다. 그들은 다른 고려사항들과 함께 약속이 주게 될 부담을 셈에 넣는다. 이와 같이 정의 개념들의 효과를 견적해 나가는 가운데 원초적 입장에 처한 개인들은 그들이 채택한 정의 개념이 엄격히 준수되리라고 가정할 것이다.>84

그리고 이와 같은 계산의 정확성은 '질서정연한 사회'나 계약 당사자들의 '정의감'과 같은 이상화된 가정들에 의해서 보증된다. 질서정연한 사회는 "만인이 정의롭게 행위하며, 정의로운 제도들을 유지하기 위해 자기의 본분을 다할 것으로 기대되는">85 그런 사회이다. 또한 "계약의 당사자들은 정의감을 발휘할 능력이 있을 것으로 기대되며, 그들은 이런 사실을 공공연히 알고 있다.">86 이처럼 롤스는 '준수의 능력으로서의 정의감'을 계약 당사자들이 가진 '합리성의

>**84** *TJ*, 126면.

>**85** *TJ*, 8면.

>**86** *TJ*, 125면.

통합적인 일부(an integral part)' 로 간주하고 있다. 다시 말해 계약 당사자들의 합리성은 그의 정의론에서 정의의 원칙들의 준수를 자동적으로 보장하게끔 되어 있다.

> 계약의 당사자들은 서로를 신뢰하는 가운데 최종적으로 합의된 원칙들 — 그것이 무엇이든 간에 — 을 이해하고 그에 따라서 행위할 수 있다. 일단 원칙들이 승인되면 계약의 당사자들은 서로를 믿고 원칙들을 준수할 수 있다. 요컨대 그들은 합의에 도달하는 순간에 이미 그들의 약속이 수포로 돌아가지 않으리라는 것을 알고 있다. 다시 말해 정의감을 발휘할 수 있는 그들의 능력이 이미 선택된 원칙들의 준수를 보장하고 있는 것이다.[>87]

이와 같이 롤스는 처음부터 준수의 능력으로서의 정의감을 합리성의 개념 자체에 이미 내포된 것으로 간주함으로써 공정한 원초적 입장으로부터 공정으로서의 정의의 원칙들을 도출하는 논변에서 발견되었던 것과 유사한 선결문제요구의 오류를 범하고 있다. 다시 말해 그는 정의감을 합리성과 직접적으로 '동일시' 하고 있을 뿐 준수의 합리성을 '증명' 하는 작업을 일관되게 수행하지는 않고 있다. 그렇다면 도덕성을 합리적으로 정당화하려던 그의 기획은 합의 이전의 초기 상황과 관련해서만이 아니라 합의 이후의 준수 문제와 관련해서도 그다지 성공적이지는 않은 것처럼 보인다.

그러나 준수의 합리성을 확신할 수 없는 상황에서는 당연히 그 누구라도 협력적인 공동 전략을 버리고 개별적인 극대화 전략을 채택하는 것이 합리적이라고 판단할 수 있다. 도덕적인 원칙이 순수하게

>87 같은 곳.

합리적인, 즉 무도덕적인 타산에 의해 산출된다는 점을 증명할 수 없는데다가 도덕적인 원칙을 준수하는 것이 합리적이라는 점마저도 증명할 수 없는 한, 롤스의 기획은 오히려 개별적인 극대화 전략이 보다 합리적이라고 생각할 여지를 남길 수밖에 없으며, 따라서 개인들에게 협력적인 전략에 따라서 행위하라고 요구할 수 있는 근거를 상실할 수밖에 없다. 그는 도덕적인 것은 항상 합리적이라는 점을 납득시키는 일이 중요한 이론적 과제임을 알고 있었고 또 그러한 점을 증명하려고 시도하기는 했지만, 그 증명은 준수의 합리성에 관한 근거 없는 낙관주의적 가정에 기대고 있다는 점에서 완전하지 못했던 셈이다.

이상의 논의에서 드러난 것처럼 도덕성을 합리적 선택 이론에 의거해서 정당화하려고 했던 롤스의 정의론은 도구적 합리성의 일관된 적용을 저해하는 방법론적 가정들 때문에 적어도 합리적 선택 이론으로서는 불완전한 기획이었다고 말할 수 있다. 따라서 도덕성과 합리적인 선택 간의 심층적인 연관을 규명하는 작업을 롤스가 일관되게 수행하지 못했다는 고티에의 비판은 바로 그와 같은 방법론적 가정들과 거기에 실려 있는 도덕적 과부하에 쏠려 있다. 다시 말해 롤스의 무지의 장막은 자기 이익의 극대화를 추구하는 사람들이 합리적인 선택의 전제로서 응당 가져야만 하는 정보들을 전혀 가질 수 없을 정도로 '두꺼워서' 그가 애초에 표방했던 합리적 선택 이론으로서의 정의론과는 양립하기가 어렵다는 것이다. 고티에는 바로 그런 이유에서 "선택을 자신의 정체성을 망각할 필요가 없는 개인들 간의 협상 또는 합의로서 기술하려고"[>88] 했던 것이다. 그렇다면 우리는

>88 *MA*, 5면.

롤스의 정의론이 합리적 선택 이론으로서도 도덕철학으로서도 실패했다고 보아야 하는가?

그러나 도덕 이론가로서의 롤스를 이해하는 것은 필자가 그와 동일한 기획의 대표자로 취급했던 하사니나 고티에를 이해하는 것보다는 조금 더 복잡하다. 왜냐하면 그는 공정으로서의 정의에 대한 일관된 추구 속에서도 결코 간과할 수 없는 불연속적 추이를 이론적인 성숙의 과정에서 보여 주고 있기 때문이다. 우리는 그와 같은 추이를 『정의론』과 『정치적 자유주의』의 입장 차이를 통해 확인할 수 있다.

롤스는 『정의론』에서 계약 당사자들의 상호 무관심한 도구적 합리성과 공평한 도덕성을 원초적 입장에 의해 매개하려고 했던 것과는 달리 『정치적 자유주의』에서는 양심과 사상의 자유를 관용할 수밖에 없게 된 현대의 다원주의적 민주주의 사회의 안정성이라는 정치철학적 주제에 관심을 집중하고 있다. 단적으로 말해서 그가 설정한 『정치적 자유주의』의 목표는 다음의 물음에 대한 대답을 추구하는 것이다.

> 합당하지만 양립할 수 없는 종교적, 철학적, 도덕적 교의들로 깊이 분열된 자유롭고 평등한 시민들 사이에서 하나의 안정된, 그리고 정의로운 사회를 오랫동안 지속시키는 일이 어떻게 가능할까?>**89**

이 물음은 곧 '자유롭고 평등하지만 깊은 교의상의 갈등으로 분열된 시민들이 사회적으로 협력할 수 있는 공정한 조건은 무엇인가?'라는 물음으로 번역될 수 있다. 롤스는 그가 이에 대한 대답이라고 생각한 공정으로서의 정의의 원칙들을 이른바 '중첩적인 합의(over-

---

>**89** *PL*, "Introduction", xx; xxvii; 47면.

lapping consensus)'의 결과로서 도출하기 위해 『정의론』에서 원초적 입장의 배경적인 장치로 설정되었던 무지의 장막을 여기에서도 그대로 원용하고 있다. 요컨대 그는 '합당한 다원주의라는 사실(fact of reasonable pluralism)', 즉 합당한 포괄적 교의들의 다원성에서 출발하여 그러한 교의들 간의 중첩적인 합의에 의해 다원적인 민주주의 사회의 안정을 꾀할 수 있는 가능성을 정치철학적으로 모색하고 있는 것이다.

이와 같은 '정치철학적' 목표는 일견 『정의론』의 '도덕철학적' 목표보다는 훨씬 더 겸손한 목표인 것처럼 보인다. 그러나 롤스는 그와 같은 겸손한 목표를 추구하는 과정에서 합리적 선택 이론과 도덕철학 사이를 왕래하던 이전의 애매함을 합리성의 규범적인 개념>90에 의해 극복하는 모습을 보여 주고 있다. 그리고 그러한 규범적 지향성은 칸트적인 패러다임과의 더욱 강한 동일시를 통해 드러난다. 왜냐하면 무지의 장막에 내포된 공평한 선택의 기준들은 이제 더 이상 그의 정치철학이 마땅히 유지하고 있어야 할 합리적 선택 이론으로서의 일관성을 저해하는 외생적 첨가물이 아니라 오히려 그의 구성주의적인 정치철학의 규범적인 구심점으로 이해되고 있기 때문이다. 이는 그가 도덕철학 내지 정치철학의 지도 원리로서의 합리적 선택 이론과 사실상 결별했다는 점을 암시한다. 실제로 그는 『정치적 자유주의』에서 정의론은 합리적 선택 이론의 일부라고 했던 자신의 말이 단적으로 "틀렸다(incorrect)"고 선언함으로써 『정의론』의 오류를 "바로잡고(correct)" 있다. 그에 따르면 "나는 정의의 원칙들을 유일한

>90 앞으로 살펴보게 되겠지만 그는 이와 같은 합리성의 규범적인 개념을 '합당성(reasonableness)'이라고 부른다.

규범적 개념으로 이해된 [도구적] 합리성 개념으로부터 도출할 생각이 없다. 나는 전체로서의 『정의론』이 이러한 해석을 지지해 준다고 믿는다."[91]

그의 믿음대로 정의론은 이미 칸트적인 자율이나 정언명법의 개념에 의거한 구성주의적 규범 이론의 한 실례를 보여 주고 있는 것이 사실이다. 다만 『정의론』이라는 텍스트 안에서는 그와 같은 요소들이 그가 공식적으로 표방했던 합리적 선택 이론과 마찰을 빚으면서 그의 이론 전체의 체계적인 부정합성을 야기하는 주변적인 요인으로 인식되고 있을 뿐이다. 그러나 롤스가 자신의 정의론에 대해 내린 '칸트적 해석'에 따르면 정의론은 '자유란 우리가 스스로에게 부과한 법칙에 따라 행위 하는 것'이라는 칸트의 착상을 계승한 것이라고 한다. 예컨대 무지의 장막은 원초적 입장에 처한 개인들에게서 그들로 하여금 타율적인 원칙들을 선택하게 할 수도 있는 지식들을 박탈한다. 칸트의 정언명법이 경험적으로 제약된 실천 이성의 준칙을 평가하는 입법적 숙고의 절차를 규정하는 것처럼 무지의 장막은 사람들을 불화하게 하고 그들로 하여금 사회적 또는 자연적 여건을 그들 자신에게 유리하게 이용하도록 부추기는 특수한 우연성의 결과들을 무효화한다. 요컨대 정의의 원칙들을 도출하는 과정에 그 어떤 우연성도 전제로서 끼어들지 못하도록 규정하고 있는 무지의 장막은 개인적인 욕망이나 경향성의 영향을 배제하는 칸트의 정언명법적 절차와 구조적으로 매우 유사한 역할을 수행하는 가정이라는 것이다.[92]

롤스는 이제 이와 같은 구성주의적 규범 이론의 단초를 한층 더

>91 *PL*, 53면(Note 7).

>92 이에 관해서는 *TJ*, Sect. 40 "The Kantian Interpretation of Justice as Fairness" 참조.

발전시켜 정의의 원칙들을 더 이상 도구적인 의미에서 합리적인 개인들의 선택으로서가 아니라 오히려 그러한 개인들의 도구적 합리성을 제한하는 규범적 숙고의 산물로서 옹호하려고 한다. 그는 그와 같은 합리성의 도구적인 개념과 그것을 반성하는 실천 이성의 규범적인 숙고를 각각 나타내기 위해 '합리적인 것(the rational)'과 '합당한 것(the reasonable)'이라는 독특한 술어들을 사용하고 있는데, 이에 따르면 칸트적인 구성주의의 요체는 바로 구성의 절차가 '합리적인' 선택을 규제할 수 있게끔 '합당한' 방식으로 설정된다는 점에 있다. 다시 말해 칸트적인 구성주의는 "어떤 합당한 요구조건에 부응하는 특정한 구성 절차"와 "합리적인 구성의 주체로 특징지어진 인격들"을 함께 설정함으로써 "하나의 특수한 인격 개념을 하나의 합당한 구성 절차의 한 요소로서 지정"[>93]하는 이론 형식이라는 것이다. 이렇게 볼 때 롤스가 중첩적인 합의의 결과로 설정한 정치적 정의의 원칙들은 결국 "합리적인 개인들(이나 그들의 대표자들)이 합당한 조건들에 부응하여 사회의 기본 구조를 규제할 원칙들을 채택하는 구성 절차의 산물"[>94]인 셈이다.

그러나 여기에서 중요한 것은 구성주의라는 이론 형식 자체가 아니라 그와 같은 형식 속에 담겨 있는 내용적 구별들이다. 다시 말해 공정으로서의 정의에 있어서는 원초적 입장의 배경적인 장치로 설정된 무지의 장막의 '합당성'에 의해 선택에 임하는 개인들의 도구적인 '합리성'이 규제된다는 점이야말로 롤스의 이론을 칸트적인 패러다임 안에 위치시킬 수 있는 강력한 근거가 되는 것이다. 롤스는 '합

>93 J. Rawls, "Kantian Constructivism in Moral Theory", in: *The Journal of Philosophy*, Vol. 77, No. 9, Sep. 1980, 516면. 앞으로는 이 저작을 KCMT로 약칭함.

>94 *PL*, "Introduction", xxii.

당한 것'과 '합리적인 것'의 그러한 구별이 우선 다음과 같은 일상 언어의 관행 속에서 직관적으로 발견될 수 있다고 주장한다.

> 그들의 제안은 그들의 강경한 거래상의 입장을 감안할 때 완벽하게 합리적(rational)이었지만, 그럼에도 불구하고 그것은 몹시 부당하고(unreasonable) 심지어는 도리에 어긋난 제안이었다.>95

자기 이익의 추구가 상황에 따라서 부당한 것일 수도 있다는 우리의 일상적인 의식은 어쩌면 도구적 합리성으로 환원되지 않는 규범성에 대한 직관이 우리의 반성적인 숙고의 근저에 깔려 있음을 예증하는 것인지도 모른다. 그리고 이러한 가능성은 롤스로 하여금 합당한 것과 합리적인 것의 차이를 칸트가 말한 정언명법과 가언명법, 순수한 실천 이성과 경험적으로 제약된 실천 이성의 차이로까지 소급하여 설명하게 한다.>96

이제 롤스는 이와 같은 구성주의적 규범 이론의 틀 안에서 합당성의 정치철학적 개념이라고 할 만한 것을 제시하는데, 그에 따르면 합당성이란 첫째, "공정한 협력의 조건을 제안하고 그것을 존중하려는 용의"이며 둘째, "판단의 부담을 인정하고 그 결과를 받아들이려는 용의">97이다. 이렇게 볼 때 합당성은 공정한 협력의 조건으로서의 정의의 원칙들이 나의 이익에 미치는 결과와 무관하게 그러한 원칙들을 '그 자체로서' 기꺼이 제안하고 준수하려는 용의라고 할 수 있으며, 그런 한에서 우리는 합당한 것의 개념에는 명백히 이기주의

>95 *PL*, 48면.

>96 이에 관해서는 *PL*, 48~9(Note 1) 참조.

>97 *PL*, 49(Note 1).

적인 동기와 무관한 의무론적 계기가 내포되어 있음을 알 수 있다.>98 그렇기 때문에 합당한 행위자들은 합당하지 않은, 따라서 오직 합리적이기만 한 행위자들이 결여하고 있는 "특정한 형태의 도덕감", 즉 "공정한 협력 '그 자체'에 참여하고자 하는 욕망">99을 가진 사람들이다. 다시 말해 자기 이익의 극대화에만 몰두하는 사람들과는 달리 합당한 사람들은 "그들의 행위가 타인들의 복지에 미치게 될 결과를 고려"하는 사람들이며, 따라서 "그들과 타인들이 함께 판단의 근거로 활용할 수 있는 하나의 원칙에 의해 그들의 행위를 규제할 용의가 있는">100 사람들이다.

우리는 이제 합리적인 것과 합당한 것의 이러한 관계로부터 합리성의 도구적인 개념과 규범적인 개념의 관계에 대한 롤스의 입장 변화를 어느 정도 유추해 볼 수 있는 지점에 도달했다. 그에게 있어서 합리적인 것과 합당한 것은 우선 인간의 도덕적인 능력을 구성하는 상이한, 그리고 서로 환원 불가능한 계기들이다.

> 각각의 개인은 두 가지의 도덕적인 능력을 소유하며, 그것을 발휘할 수 있다. 모든 사람은 그들의 합리적인 이익을 정의하는 그들의 선의 개념을 가지며, 또한 규범적으로 효력이 있는 하나의 정의감, 즉 공정한 협력의 조건을 존중할 수 있는 능력을 갖는다.>101

>98 "합당한 성향은 도덕적으로 행위 하려는 성향과 관련이 있기 때문에 이기주의와는 양립할 수 없다."(같은 곳)

>99 *PL*, 51면. 인용구에서 '그 자체'에 대한 강조 표시는 필자가 삽입한 것이다.

>100 *PL*, 49면(Note 1).

>101 KCMT, 530면.

이는 곧 공정한 협력의 조건을 모색해야만 하는 입장에 있는 개인들에게 있어 합당한 것과 합리적인 것은 상호 보완적인 개념들임을 의미한다. 양자는 모두 공정한 협력의 조건을 구성하는 데에 함께 관여하는 불가결한 요소들이다. 합당한 것은 정의감을 발휘할 수 있는 능력으로서, 그리고 합리적인 것은 선의 개념을 형성할 수 있는 능력으로서 그러한 조건의 구성에 관여하는데, 롤스에 따르면 양자는 "공정한 협력의 조건이라는 개념을 상술하기 위해 제휴한다"[>102]고 한다.

그런데 여기에서 중요한 것은 그와 같은 '제휴'의 모델이 무엇보다도 원초적 입장의 설정을 통해서 제시되고 있다는 점이다.[>103] 주지하다시피 원초적 입장의 배경적 장치인 무지의 장막이 합당한 구성의 절차로서 설정된 것임을 감안할 때, 우리는 무지의 장막의 매개에 의한 '제휴'가 사실은 이미 합리적인 것과 합당한 것 사이의 어떤 위계질서를 전제로 한 것임을 감지할 수 있다. 롤스에게 있어서 합리성은 분명 합당한 판단과 행위의 '질료'로서 그 나름대로의 존재 의의를 갖지만, 그럼에도 불구하고 "공정으로서의 정의에서는 합당한 것이 합리적인 것의 틀을 형성하는데(frame), 그와 같은 합당성은 바로 자유롭고 평등한 존재로서의 도덕적 인격의 개념으로부터 도출된다."[>104] 이렇게 볼 때 합당한 것은 결국 "합리적인 것을 전제하면서도 합리적인 것에 우선하는(subordinate)" 어떤 것인 셈이다. 왜냐하면 "그것[합당한 것]은 각기 다른 정체성을 가진 개인들의 어떤 집단 속에서 만인이 받아들일 수 있는 공정한 협력의 조건을 규정하는"[>105]

>102 *PL*, 52면.

>103 이에 관해서는 같은 곳, Note 5 참조.

>104 KCMT, 532면.

>105 KCMT, 530면.

것이기 때문이다.

만약 이와 같은 관점이 롤스의 정치철학적인 자기제한을 넘어 일반적인 행위 이론의 가정으로 확대 해석될 수 있다면, 그것은 결국 우리가 우리의 행위를 통해 달성하고자 하는 합리적인 목표들이 합당한 원칙들에 의해 제한되어야만 한다는 포괄적인 입장으로 이해될 수도 있을 것이다. 그리고 이는 곧 도구적 합리성에 의거한 도덕성의 정당화와 이 기획의 지도 원리였던 합리적 선택 이론을 롤스가 '결정적으로' 포기했다는 사실을 보여 주는 중요한 증거일 것이다.

이제 우리는 공정으로서의 정의가 거쳐 온 전체의 이론적인 궤적을 고려하여 롤스가 원초적 입장의 설정을 통해 궁극적으로 말하고자 했던 바를 재서술할 수 있게 되었다. 사실상 일관된 합리적 선택 이론의 관점에서 볼 때 원초적 입장의 배경적 장치인 무지의 장막이 상징하는 도덕적 제한은 앞에서 확인했던 바와 같이 합리적인 사회 구성의 주체인 계약 당사자들에게 '외적인' 것일 수밖에 없었다. 그러나 만약 우리가 '합리적이면서 동시에 합당한' 행위자라면, 우리에게 있어 "원초적 입장의 제한은 더 이상 외적인 것이 아니다."[>106] 왜냐하면 그러한 제한은 더 이상 합리적인 개인들의 눈앞에 난데없이 드리워진 낯선 강제가 아니라 오히려 그들이 지닌 합당성에 내포된 도덕적 정의감의 자연스러운 발로일 것이기 때문이다.

결론적으로 롤스가 설정한 합리성의 도구적인 개념과 규범적인 개념의 관계는 『정치적 자유주의』에 의해 결정적으로 역전된 것처럼 보인다. 그의 말대로 "공정으로서의 정의를 합리적인 것으로부터 합당한 것을 도출하려는 시도로 보는 것은 원초적 입장에 대한 오해"[>107]

>106 KCMT, 532면.

일 것이다. 그가 이와 같은 이론적 선회를 감행한 것은 어쩌면 필자가 Ⅳ장에서 분석하게 될 도구적 합리성의 자기모순을 그가 민감하게 의식했기 때문일 것이다. 그에 따르면 합당하지 않은 사람들, 즉 오직 도구적인 의미에서만 합리적인 사람들은 다음과 같은 성향에 의해 특징지어진다.

> 그들은 협력의 체계에 참여할 생각은 있어도 공적인 겉치레로서 그것이 필요한 경우가 아닌 한 공정한 협력의 조건을 상술하기 위한 어떤 일반적인 원칙이나 기준을 존중할 용의는 없으며, 심지어는 그런 것을 제안할 용의도 없다. 그들은 상황이 허락하는 한 그들의 이익을 위해 그러한 조건을 위반할 준비가 되어 있다.>**108**

다시 말해 그들은 자기 이익의 극대화를 위해 언제라도 '합리적인 이반' 을 감행할 준비가 되어 있는 사람들이다. 이는 곧 자기 이익의 극대화로 이해된 도구적 합리성의 관점에서는 '준수의 합리성' 이 일관되게 관철되기 어려우며, 따라서 도구적 합리성은 결코 도덕성의 견고한 토대가 될 수 없다는 것을 의미한다. 롤스는 바로 그런 이유로 기껏해야 '잠정적인 협정' 을 산출할 수 있을 뿐인 고티에 식의

>**107** *PL*, 53면.

>**108** *PL*, 50면. 이렇게 볼 때 도구적인 숙고로부터 도출된 모든 합의나 계약은 기껏해야 지속적인 사회적 안정과 통합을 확보할 수 없는 이른바 '잠정적인 협정(modus vivendi)' 에 불과하다고 말할 수밖에 없다. 다시 말해 "개인이나 집단의 이해관계 혹은 정치적인 협상의 결과에 기초한 사회적 합의"의 경우에 "사회 통합은 단지 외견상의 통합일 뿐이다. 왜냐하면 그것의 안정성은 이해관계의 일치가 깨지지 않고 유지되는 운이 좋은 상황을 조건으로 하기 때문이다."(*PL*, 147면) 결국 "중첩적인 합의와 잠정적인 협정의 근본적인 차이"는 "후자의 안정성이 상황의 우연성과 상대적인 힘의 균형에 의존한다"(*PL*, 148면)는 점이다.

합리적 선택 이론과 결별하려고 했던 것으로 보인다. 그리고 이와 같은 그의 이론적 궤적은 그 자체로 도구적 합리성의 내재적인 자기모순을 보여 주는 하나의 입체적인 예로 간주될 수 있다.

따라서 다음과 같은 롤스의 언급은 고티에 식의 일관된 합리적 선택 이론뿐만 아니라 롤스 자신의 이론적인 궤적과 관련해서도 매우 시사적이다.

> 합리적인 것으로부터 합당한 것을 도출하려는 진지한 시도들(고티에의 시도가 한 예이다)은 성공하지 못하며, 설사 성공한 것처럼 보인다고 해도 어떤 지점에선가 합당한 것 자체를 표현하는 조건들에 의존하고 있다.>**109**

결국 도구적 합리성에 의거해서 도덕성을 정당화하려는 시도들은 롤스 자신이 그랬던 것처럼 "어떤 지점에선가 합당한 것 자체를 표현하는 조건들에 의존"함으로써 선결문제요구의 오류를 노정하거나, 아니면 고티에처럼 도덕적인 제한을 준수하는 것이 합리적이라는 점을 반드시 확증해야만 하는 상황에 봉착할 수밖에 없다.

물론 고티에는 이러한 '준수의 합리성' 문제와 관련하여 제한적 극대화의 성향을 갖는 것이 합리적이라는 점이야말로 우리가 도덕적으로 행위 해야만 하는 이유를 제공하는 것이라고 주장한다. 그는 논증의 출발선상에서 특정한 규범적 함의를 지닌 가설적 상황을 미리 전제하지 않고 도덕성을 오직 도구적인 의미에서 합리적인, 따라서 완전히 무도덕적인 선택의 원칙으로서만 정당화하려고 하며, 더 나아가서는 제한적 극대화의 성향을 갖는 것이 궁극적으로 자기 이익의

>**109** *PL*, 53면.

극대화를 도모하는 길임을 논증함으로써 그 나름대로 이른바 '준수의 합리성'을 증명해 보려는 노력을 보여 주고 있다. 바로 그런 의미에서 고티에의 기획은 도덕성의 도구적인 합리성을 증명하기 위한 기획으로서는 가장 일관된 입장이라 할 수 있다. 그리고 이는 필자가 도구적 합리성의 자기모순을 분석하게 될 다음 장에서 고티에를 주요한 대화 상대로 삼고자 하는 이유이기도 하다. 만약 고티에가 자신의 일관된 논변에 의해 '준수의 합리성'을 증명할 수 없다면, 그가 대변하는 일관된 도구적 합리성은 '도덕적인 것은 합리적이다'라는 처음의 테제와 '도덕적인 것은 때때로 합리적이지 않다'라는 당혹스러운 안티테제가 빚어내는 내적 자기모순에 빠질 수밖에 없을 것이다. 필자는 이제부터 고티에 '자신'의 논변 속에서 과연 준수의 합리성이 증명되고 있는지를 그의 도덕철학의 '내재적인' 문맥에 준하여 검토해 볼 것이다.

IV

도구적 합리성의 내재적 비판

1. 합리성과 비합리성의 상호 전이

고티에에 따르면 "계약을 맺어야 할 이유가 있었다는 사실은 오직 준수의 효용에 영향을 미칠 때에만 계약을 준수해야 할 한 가지 이유를 제공할 수 있으며", "이와 다르게 생각하는 것은 효용의 극대화를 거부하는 것">1이다. 그런 의미에서 '준수의 합리성'은 공평성으로서의 도덕성에 대한 '승인의 정당성'과는 무관하게 그 자체로서 도덕적인 선택이 도구적인 의미에서 합리적인가의 여부를 결정하는 중대한 문제로 간주되어야만 한다.

고티에는 이 문제와 관련하여 『합의도덕론』에서 직선적 극대화를 추구하는 사람과 제한적 극대화를 추구하는 사람을 구별했던 것과 유사하게 「도덕성과 이익」이라는 논문에서 타산적인 사람(prudent man)과 도덕적인 사람(moral man)을 구별하고 있다. 그에 따르면 도덕적인 사람은 단순히 타산적인 사람과는 달리 "타산적이면서도 신뢰할 수 있는 사람(prudent but trustworthy man)"이다. 그리고 여

>1 *MA*, 166면.

기에서 신뢰성(trustworthiness)이란 "그것을 소유한 사람이 이익에 대한 고려와는 무관하게 자신이 한 약속을 준수할 수 있도록, 그리고 준수해야만 한다고 판단할 수 있도록 해 주는 능력"[>2]이다.

그러나 무엇보다도 중요한 것은 이와 같은 준수의 성향 내지는 신뢰성으로 나타나는 도덕성의 근거가 바로 행위자 자신의 이익에 있는 것으로 이해되고 있다는 사실이다. 다시 말해 "그[도덕적인 사람]는 오직 그가 한 약속이 자기에게 이롭다고 생각하는 한에서만 신뢰할 수 있는 행동을 할 수 있는"[>3] 그런 사람이다. 그렇다면 도덕적인 사람과 타산적인 사람은 사실상 오직 '누구의 타산이 더 합리적인가?' 라는 기준에 의해서만 서로 구별되는 셈이다.

> 도덕적인 사람은 명백한 타산의 역설(paradox of prudence)을 극복하고 오직 자신의 이익 추구를 실질적으로 자제할 수 있는 사람들만이 누릴 수 있는 그런 이익을 얻을 수 있다.[>4]

여기에서 타산의 역설이란 수인의 딜레마 상황이 초래하는 전형적인 역설, 즉 '타산적일수록 타산이 맞지 않는 결과를 얻게 된다' 는 사실을 가리키는 것이다. 바로 이와 같은 의미에서 도덕성은 일관된 도구적 합리성의 불가결한 일부로 이해된다. 다시 말해 도덕이란 "그것을 받아들여서 준수할 경우에 엄격하게 타산적인 사람들이 제아무리 합리적이라고 해도 얻을 수 없는 이익을 제공하는 원칙들의 체계" 이며, "이러한 이익은 원칙들이 그것들을 준수하는 사람들에게 부과

>2 MA, 471면.

>3 같은 곳.

>4 MA, 474면.

하는 희생의 한 기능이다."[5] 이와 같은 언급은 확실히 도덕적인 사람의 타산이 타산적인 사람의 타산보다 더 합리적이라는 뜻을 함축한다.

이와 같이 고티에의 '도덕적인 사람'은 가령 동일 확률 가정하에서, 혹은 무지의 장막 뒤에서 공평한 판단을 내리도록 설계된 도덕인(homo moralis)이 아니라 공평성으로서의 도덕성이 근시안적인 타산으로는 얻을 수 없는 장기적인 이익을 자신에게 보장해 준다는 조건하에서만 그것을 필요로 하는 경제인(homo economicus)이다.

> 그[도덕적인 사람]는 타산적인 동기에서 한 약속을 준수해야 한다는 의무를 받아들인 연후에야 비로소 자기 이익만 외곬으로 추구하는 태도를 기꺼이 조절할 것이다. 만약 그가 타인들의 이익을 배려하고자 한다면, 그는 자신의 이익 추구가 타인들의 유사한 추구와 충돌할 경우에 마땅히 자신의 이익 추구를 조절해야만 할 것이다. 그러나 그는 타인들의 이익에 대해서는 진심으로 배려하지 않는다. 이득을 볼 것이라는 기대가 없는 한 그는 만인에게 개방된 기회들을 균등화할 목적으로 만들어진, 이익 추구에 대한 제한을 받아들이려 하지 않을 것이다.[6]

이는 곧 내가 도구적인 의미에서 합리적인 한 개인으로서 도덕의 체계가 나에게 이롭다고 판단하는 한에서만 그것을 준수하는 도덕적인 사람이 될 필요가 있으며, 그렇게 판단할 수 없는 한에서는, 즉 상호적인 준수가 더 이상 나에게 이롭지 않다고 생각될 때에는 그것을

>5 MA, 474~5면.

>6 MA, 474면.

준수할 이유가 없다고 판단할 수도 있다는 뜻으로 이해될 수 있다.

문제는 도덕적인 행위가 항상 합리적인, 즉 행위자 자신에게 이로운 행위는 아니라는 점에 있다. 전술한 바와 같이 도덕성을 합리적으로 정당화하려는 기획의 성패는 그와 같은 '준수의 합리성' 문제에 달려 있다. 따라서 만약 도덕적인 규범들을 준수하는 행위가 그것을 선택한 사람에게 이로운 결과를 제공하지 않는 경우들이 발견된다면, 이는 그러한 기획의 중대한 결함을 보여 주는 증거로 간주될 수 있다.

유감스럽게도 사람들은 누구나 이런저런 상황에서 도덕성보다는 자기 이익을 더 중시하는 결단을 내림으로써 직접적으로 자기 이익의 극대화를 도모할 수 있는 것이 사실이다. 더욱이 내가 그와 같은 결단을 내렸다는 사실을 타인들에게 감출 수 있다면, 나는 나의 행위 성향이 타인들에 의해 투명하게 인식되는 경우보다 더 안전하게, 그리고 효과적으로 나의 이익을 증진시킬 수 있을 것이다. 내가 그와 같은 결단을 내림으로써 나의 이익을 증진시킬 수 있는 한, 그것은 나 자신을 패배자로 만드는 결단이기는커녕 오히려 승리자로 만드는 결단임에 틀림없다. 그렇다면 어떻게 그것이 비합리적인 선택, 즉 자기 이익의 극대화에 저해되는 선택이라고 할 수 있을까?

적어도 내가 합리성의 도구적인 개념에 따라 행위하고 있는 동안에는 그러한 나의 선택이 비합리적인 선택임을 증명할 방법은 없는 것처럼 보인다. 그리고 이는 바로 도구적 합리성의 내적인 자기모순이 노정되는 상황들이 간혹 발생할 수도 있음을 암시하는 것이기도 하다. 한편으로는 합리적인, 즉 나에게 이익이 될 선택으로 여겨졌던 도덕적 결단이 어느 순간 비합리적인, 즉 나의 이익에 저해되는 선택으로 판명되는가 하면, 다른 한편으로는 비합리적인 것으로 여겨졌던 직선적 극대화 전략이 어느 순간 합리적인 전략으로 판명되는 경우도 발생할 것이다. 이와 같이 합리성이 비합리성으로, 비합리성이 합리성으로 전이되는 상황들은 합리성이 자기 이익의 극대화로 이해되고 있는 한에서는 필연적으로 발생할 수밖에 없는 것처럼 보인다. 다시 말해 어느 한 국면에서 '합리적으로' 선택되었던 협력적 상호 관계는 또 다른 국면에서 똑같이 '합리적인' 이반, 예컨대 무임승차와 같은 비협력적 선택에 의해서 저해될 수도 있는 것이다.

물론 '준수의 합리성'을 증명하려고 하는 고티에도 행위자들이 가진 행위 성향의 반투명성에 기인하는 도구적 합리성의 잠재적인 자기모순을 예감하고 있다. 그는 제한적 극대화를 추구하는 사람들은 직선적 극대화를 추구하는 사람들이 누릴 수 없는 협력의 기회와 그것이 제공하는 이득을 누릴 수 있다고 주장하면서도 '준수의 합리성'을 모든 사람들이 확신할 수 있기 전까지는 제한적 극대화를 추구하는 사람들이 겪어야 할 고초들이 있을 수도 있음을 암시하고 있다.

> 물론 제한적 극대화를 추구하는 사람들은 가끔씩 준수의 성향으로 인해 손해를 보기도 한다. 왜냐하면 그들은 그들에게 손해를 끼쳐서 이득을 보는 다른 사람들에게 호혜적인 관계를 잘못 기대하면서 협력적으로 행위할 수도 있기 때문이다.>7

하지만 그럼에도 고티에는 제한적 극대화 성향의 궁극적인 합리성을 확신하고 있다. 그에 따르면 "제한적 극대화를 추구하는 사람들이 협력으로부터 거둬들이는 최종적인 이득은 다른 사람들이 남을

>7 *MA*, 15면.

이용해서 얻을 수 있을 것으로 기대하는 이득을 능가한다."[>8] 다시 말해 제한적 극대화를 추구하는 사람들은 협력이 제공하는 이득을 영속적으로 향유할 수 있지만, 직선적 극대화를 추구하는 사람들은 그때그때의 순간적인 이득에 집착함으로써 협력적인 제도가 제공하는 이득을 장기적으로 누릴 기회를 스스로 놓쳐 버린다는 것이다. 아마도 고티에는 이것이 사실임을 확인하는 것이야말로 "도덕성은 극대화의 필수적인 일부분"[>9]임을 증명할 수 있는 유일한 방법이라고 생각하는 듯하다.

그러나 그가 증명하고자 하는 준수의 합리성은 행위자들의 행위 성향에 관한 그의 반투명성 가정으로 인해 이른바 '홉스의 바보'와 같은 이기주의적 악한(惡漢)들의 끊임없는 도전에 직면할 수밖에 없다. 그가 증명하고자 하는 것은 일단 "협력의 성향을 가짐으로써 내면의 도덕적인 제한을 받아들이는 것이 합리적"[>10]이라는 점이다.

> 어떤 타당하고 바람직한 조건하에서 합리적으로 효용을 극대화하고자 하는 사람은 상호작용에 있어서 그의 선택에 대한 그 어떤 제한도 받아들이지 않는 쪽을 선택하거나, 아니면 최대 상대 양보의 극소화 원칙에 의해서 요구되는, 그의 선택에 대한 제한을 받아들이는 쪽을 선택해야만 할 때 후자를 선택한다.[>11]

그러나 사람들이 타인들의 협력적이거나 비협력적인 행위 성향을

>8 같은 곳.

>9 *MA*, 184면.

>10 *MA*, 165면.

>11 *MA*, 158면.

투명하게 파악할 수 없는 현실적 조건하에서는 '자기에게만 이로운 이반의 전망(prospect of individually beneficial defection)' 이 '서로에게 이익이 되는 협력의 전망(prospect of mutually beneficial cooperation)' 을 압도하게 될 가능성을 배제할 수 없다. 왜냐하면 그런 조건하에서는 자신을 효과적으로 위장한 직선적 극대화 성향의 행위자들이 제한적 극대화 성향의 행위자들을 기만함으로써 그들의 협력을 끌어내고 그 과실을 독식하는 상황이 얼마든지 발생할 수 있으며, 그런 경우에는 그 누구라도 자발적인 준수의 대가로 예상치 못했던 손해를 입을 수 있기 때문이다.

이렇게 볼 때 투명하지도 불투명하지도 않은 개인들의 협력적이거나 비협력적인 행위 성향이 "확실한 정도까지는 아니라 해도 단순한 추측 이상의 어떤 것으로서 타인들에 의해 확인될 수 있다">12는 고티에의 주장은 무색해질 수밖에 없다. 완전히 투명하지 않다는 것은 어쨌든 속거나 속이는 일이 얼마든지 가능하며, 따라서 이반이 합리적이고 준수는 오히려 비합리적인 상황들이 얼마든지 발생할 수 있다는 것을 의미한다. 그렇다면 고티에의 기획은 결국 제한적 극대화 성향의 도구적인 합리성을 증명하려고 하는 그 순간에 이미 도구적 합리성의 내적인 자기모순을 노정할 수밖에 없는 것처럼 보인다. 그리고 이처럼 도구적 합리성에 기초한 도덕성이 도리어 도구적 합리성에 위배될 수도 있다는 것은 곧 도덕성의 토대로서의 도구적 합리성의 입지가 그다지 튼튼하지는 않다는 점을 보여 주는 증거일 것이다.

이처럼 준수의 합리성을 위한 토대는 매우 취약한 반면에 "때로는

>12 *MA*, 174면.

불의가 모든 사람에게 그 자신의 선을 지시하는 이성과 일치할 수도 있다"고 생각하는 홉스의 바보는 자신의 반투명성을 십분 이용하여 준수의 효용(utility of compliance)을 능가하는 비준수의 효용(non-compliance utility)을 향유할 수 있을 것이다. 왜냐하면 그와 같은 이기주의자는 "무엇을 하든지 간에 항상 자신의 기대 효용을 극대화하려고" 하며, 따라서 "협력이 상호 이익의 전망을 제공한다는 사실을 인정하면서도 협력이 극대화를 제한할 것으로 예상되는 경우에는 협력적으로 행동하는 것이 합리적이라는 사실을 부정"[13]하기 때문이다. 다시 말해 그는 계약을 맺는 것이 자기에게 이롭다는 것을 알지만, 또한 맺어진 계약을 위반하는 것이 그것을 준수하는 것보다 훨씬 더 이로울 수도 있음을 알기 때문에 경우에 따라서는 준수보다 위반이 더 합리적이라고 생각하게 되는 것이다.

홉스의 바보는 결국 합의 자체가 준수의 필요조건일 수는 있어도 충분조건은 아니라는 것을 알 정도로 '현명한 사람'이며, 그런 한에서는 결코 '바보'가 아닌 셈이다. 그는 말하자면 "협력하기로 한 합의를 준수하는 것이 합리적이기 위해서는 한 개인이 협력으로부터 기대할 수 있는 효용의 수준이 적어도 그가 자신의 합의를 위반할 경우에 기대하게 될 효용만큼은 되어야 한다"[14]고 생각하는 사람이다. 물론 다수의 개별적인 전략들이 하나의 공동 전략으로 대체되어야만 만인이 이득을 볼 수 있을 것으로 예상되는 상황에서 그와 같은 위반은 확실히 공동 전략의 실행인 협력의 목적을 좌절시킬 것이며, 홉스의 바보는 그런 사실을 충분히 알고 있을 것이다. 문제는 그런 사실

>**13** *MA*, 158면.

>**14** *MA*, 165면.

에도 불구하고 그와 같은 위반이 그의 도구적 합리성에 위배되지는 않는다는 점에 있다. 만약 비준수의 효용이 준수의 효용보다 더 작지만 않다면, 그와 같은 위반은 오히려 극대화로서의 도구적 합리성이 요구하는 바를 '비합리적인 준수' 보다 훨씬 더 효과적으로 충족시킬 수 있을 것이다.

따라서 일관된 도구적 합리성은 오히려 현실적인 또는 잠재적인 제한적 극대화 성향의 행위자들에게 공동 전략(joint strategy)을 버리고 이반 전략(defection strategy)을 채택할 것을 요구하는 것처럼 보인다. 이러한 요구가 관철되는 사회는 당연히 홉스의 바보들의 세계, 즉 직선적 극대화를 추구하는 사람들의 사회일 것이며, 그와 같은 사회는 바로 홉스가 '자연 상태' 라고 불렀던 것을 정확히 구현한 사회일 것이다. 그러나 고티에는 '절대 군주' 라는 홉스의 해결책에 만족하지 않는다. 왜냐하면 한 사람의 절대 군주로 하여금 만인에게 합의의 준수, 즉 협력을 강요하고 그 과실을 공평히 분배하게 하는 방안은 부패하기 쉬운 권력의 속성과 합의를 준수하도록 하는 법률을 강제로 집행하는 데에 들어갈 상당한 비용 등을 감안할 때 결코 합리적일 수가 없기 때문이다.>15 이러한 견해에는 물론 도덕성의 자발성을 견지하고자 하는 고티에의 취지가 반영되어 있다. 그러나 합의의 준수가 자발적이어야 한다는 그의 신념은 합리성의 도구적인 개념과 양립할 수 없는 것처럼 보인다. 왜냐하면 도구적인 의미에서 합리적인 행위자들로 하여금 그들의 도구적 합리성에 때때로 위배될 수도 있는 공동 전략을 자발적으로 준수하게 할 방법은 없는 것처럼 보이기 때문이다.

>15 이에 관해서는 *MA*, 163~5면 참조.

어쩌면 고티에는 모든 행위자들의 행위 성향이 완전히 투명하다고 가정함으로써 그와 같은 '합리성의 비합리성'과 '비합리성의 합리성'이 연출하는 딜레마를 피할 수 있을지도 모른다. 다시 말해 제한적 극대화의 성향을 갖는 쪽을 자발적으로 선택하는 것이 합리적이라는 주장을 그가 계속 유지할 수 있는 방법은 오직 행위자들이 서로를 속일 수 없을 정도로 투명한 상황을 설정하는 것뿐인지도 모른다. 그러한 상황에서라면 제한적 극대화를 추구하는 사람은 그 누구에게도 속는 일이 없이 협력에 기여한 만큼의 이득을 향유할 수 있을 것이며, 직선적 극대화를 추구하는 사람은 더 이상 순진한 다른 사람들을 기만할 수 없을 것이다.

그러나 행위자들의 행위 성향이 어디까지나 '내면적인' 것임을 감안할 때 반투명성의 희미한 장막조차 없는 그와 같은 가언적 상황을 설정하는 것은 분명 이상적인, 따라서 비현실적인 이론적 잉여일 것이다. 고티에 또한 이 점을 잘 알고 있다. 그렇기 때문에 그는 처음의 반투명성 가정을 그와 같은 투명성 가정으로 대체하는 대신에 반투명성이라는 조건하에서 제한적 극대화를 추구하는 사람들이 성공을 보장받기 위해 갖춰야 할 하나의 요건을 제시한다. 그것은 바로 제한적 극대화를 추구하는 사람들이 "단순한 가짜 이타주의(merely simulated altruism)를 간파"할 수 있는 능력 또는 "거짓으로 협력을 제안하는, 직선적 극대화를 추구하는 사람들을 간파"[16]할 수 있는 능력을 개발해야만 한다는 것이다. 그는 이처럼 제한적 극대화 성향을 가진 행위자들의 인지적인 능력에 대한 기대를 처음의 반투명성 가정과 결합함으로써 마치 완전한 투명성을 가정하지 않고도 제한적 극

>**16** *MA*, 187면.

대화 성향의 합리성을 증명하는 일이 가능하다고 주장하려는 것처럼 보인다.

> 합리적으로 제한적 극대화를 추구하는 사람은 다른 사람들의 성향을 간파할 수 있는 능력을 충분히 개발해야만 한다. 이 능력을 개발하지 못하거나 그것을 발휘하지 않을 경우에 우리는 더 이상 제한적 극대화의 이득을 누릴 수 없을 것이다. 따라서 그런 경우에는 제한이 비합리적인 것처럼 보일 수도 있다. 그러나 정말로 비합리적인 것은 다른 사람들의 진실이나 위선을 간파할 수 있는 능력을 개발하거나 발휘하지 않는 것이다.>17

이로 미루어 우리는 고티에가 행위 성향의 상호적인 인지 가능성을 제한적 극대화 성향의 합리성을 위한 중요한 전제조건으로 간주하고 있다는 사실을 알 수 있다. 그는 비록 완전한 투명성은 아니지만 적어도 준(準)투명성에 가까운 어떤 인지적 상황에 도달하는 것이 가능하리라고 기대한다. 왜냐하면 "합리성과 도덕성이 서로 대립된다고 생각하는 사람들은 진실한 협력자들과 위선적인 협력자들을 구별할 수 있는 능력을 개발하는 것이 중요하다는 사실을 인식할 수 없었는지도 모르기">18 때문이다. 요컨대 그는 "제한적 극대화를 추구하는 사람들과 직선적 극대화를 추구하는 사람들 간의 착취적인 상호작용은 피해야만 한다">19는 취지에서 그와 같은 행위 성향의 인지 가능성에 일말의 기대를 걸고 있는 것처럼 보인다.

문제는 그가 반투명성 가정을 행위 성향의 충분한 인지 가능성과

>17 같은 곳.

>18 *MA*, 181면.

>19 *MA*, 187면.

결합함으로써 반투명성을 사실상의 투명성과 유사한 어떤 것으로 만들기를 희망하면서도 이론적으로는 비현실적인 투명성 가정을 인정할 수 없는 처지에 놓여 있다는 점이다. 아마도 고티에는 비현실적인 투명성 가정이 하사니의 동일 확률 가정이나 롤스의 무지의 장막과 유사하게 처음부터 기만의 가능성을 차단하는 도덕적 프로그램의 역할을 수행함으로써 합리적인 선택의 무도덕적인 전제가 되기에는 지나치게 많은 도덕적 부하를 지게 되리라고 생각했는지도 모른다. 따라서 고티에는 결국 현실적인 고려에 따라 반투명성을 고집하면서도 투명성의 확대를 비현실적으로 기대해야만 하는 모순된 입장에 놓여 있는 것처럼 보인다.

결론적으로 고티에는 준수의 합리성을 증명함으로써 하사니나 롤스가 충분히 수행하지 못했던 도덕성의 합리적인 정당화를 완결하려고 했음에도 불구하고 어쩔 수 없이 자신의 전체 기획의 내적인 자기모순, 즉 합리성의 비합리성과 비합리성의 합리성을 스스로 예감하고 있는 것처럼 보인다. 다시 말해 그는 협력의 합리성을 역설하는 바로 그 순간에 이미 협력을 비합리적인 선택으로 만들지도 모르는 이반의 합리성을 동시적으로 예감하고 있으며, 도덕적인 협력자가 얻게 될 준수의 효용을 강조하는 바로 그 순간에 이미 준수를 무효화할지도 모르는 홉스의 바보를 동시적으로 예감하고 있는 것이다. 그렇다면 결국 자기 이익의 극대화로 이해된 도구적 합리성에 의거해서 도덕성을 정당화하려던 기획은 그와 같은 자기모순으로 인해 좌초할 수밖에 없을 것이다. 왜냐하면 합리성이 자기 이익의 극대화로 이해되고 있는 한, 직선적 극대화의 성향이 도덕적으로 제한되어야만 한다고 주장할 수 있는 근거는 합리성의 개념 안에서는 원칙적으로 발견될 수가 없기 때문이다. 더욱이 특정한 상황에서는 합리적인 개인들이 도덕적이어야 할 이유를 전혀 발견하지 못할 수도 있다. 가령 비준수의 효용이 준수의 효용을 능가할 것으로 예상되는 상황에서는 준수의 효용을 얻기 위해 공평성을 견지하는 것이 극대화로서의 합리성에 부합된다고 생각할 합리적인 개인이 아마도 존재하지 않을 것이니 말이다.

결국 도구적 합리성이 다양한 이해관계의 갈등을 항상 합리적이면서도 동시에 도덕적인 방식으로 해결할 수 있다고 보는 것은 온당하지 않다. 일관되게 합리적인 해결책은 아마도 무임승차자의 존재를 '합리적으로' 허용할 수밖에 없으며, 따라서 궁극적으로는 홉스의 바보들을 자연 상태에 방치하는 결과를 초래하게 될 것이다. 반면에 도덕적인 해결책은 가상하긴 하지만 아마도 합리성에 대하여 외생적인 것으로 간주될 것이다.

하지만 그럼에도 도구적 합리성이 제공하는 행위의 이유들을 '왜 우리는 도덕적이어야 하는가?' 라는 물음에 대한 대답으로서 관철하려고 하는 사람은 필자가 보기에 기껏해야 데렉 파피트(Derek Parfit)가 오래전에 이미 '자멸적인 도덕성(self-defeating morality)' 이라고 불렀던 것을 가질 수 있을 뿐이다. 파피트는 우리가 성취하려고 노력해야만 하는 것들이 우리의 도덕적인 목표라고 가정할 때 "만약 우리가 우리의 도덕적인 목표들을 성취하는 데에 불리하게 작용할 수도 있는 것을 해야만 한다고 믿는다면, 우리의 도덕 이론은 자멸적일 것"[20]이라고 말한다. 더욱이 그는 자기 이익의 극대화를 우리 모두의 도덕적인 목표로 간주하는 타산적인 도덕 이론을 자멸적인 도덕

>**20** D. Parfit, "Is Common-Sense Morality Self-Defeating?", in: *The Journal of Philosophy*, Vol. 76, No. 10, Oct. 1979, 533면.

이론의 한 전형으로 지목하고 있다. 여기에서 타산적인 도덕 이론이란 곧 도덕성을 타산적인 고려의 산물로 보는 도덕 이론을 말하며, 따라서 그것은 다름 아닌 도구적 합리성에 입각한 도덕 이론을 가리킨다.

> 타산적인 도덕 이론에 따르면 합리적으로 행위 하는 것은 단순한 수단에 불과하다. 중요한 것은 오직 그 이론에 의해서 주어진 우리의 실질적인 목표들을 성취하는 것뿐이다. 그러나 여기에서 주목해야 할 점은 그러한 목표들의 성취가 오직 행위자 자신에게만(in an agent-relative way) 중요하다는 것이다.>21

그런데 이러한 도덕 이론이 자멸적이라는 것은 그 이론을 모두가 받아들이고 있다고 가정할 때 "각자가 그 자신에게 보다 좋은 결과를 얻으려고 노력하면 그는 실패한다">22는 것을 의미한다.

> 이른바 수인의 딜레마 상황에서 타산적인 도덕 이론은 직접적으로, 그리고 집단적으로 자멸적이다. 모두가 그 이론을 성공적으로 준수할 경우 만인에게 보다 불리한 결과가 초래될 것이다. 그 이론에 의해서 주어진 각자의 목표는 만족스럽게 성취될 수 없을 것이다.>23

이것이 익히 암시하는 바는 도구적인 의미에서 합리적인, 즉 타산적인 개인들이 타산적인 도덕 체계의 명령에 따라 직접적으로 자기 이익의 극대화를 추구할 경우에 그와 같은 개인들의 합리성은 불가

>21 같은 책, 544면.
>22 같은 책, 543면.
>23 같은 책, 544~5면.

피하게 비합리성으로 전이될 수밖에 없다는 것이다. 만약 그러한 타산적 도덕 체계가 정의상 타산적인 개인들에게 이익이 되는 것이어야 함에도 불구하고 실제로는 그렇지 못하다면, 결국 도구적 합리성에 기초한 도덕 이론은 역설적으로 도구적 합리성 그 자체에 위배되는 이론으로 판명되는 셈이다.

이와 같은 타산의 역설을 극복하기 위해 타산적인 도덕 이론을 정교화하고자 하는 사람들은 자멸적인 결과를 초래하게 될 직접적인 극대화를 제한하는 방향으로 기존의 이론을 수정함으로써 타산을 더욱더 합리화하려고 할지도 모른다. 이 경우에 그들은 다음과 같은 방식으로 자신들의 타산적인 동기를 재서술할 것이다.

> 만약 우리 모두가 준수하게 될 하나의 집단적인 규약을 우리가 채택한다면, 타산적인 도덕 이론은 우리에게 그 이론 자체를 거부하라고 말할 것이다. 그런 경우에는 타산을 거스르는 것이 타산적일 것이다.>**24**

그러나 이와 같은 방향으로 수정된 이론은 우리들 전원이 집단적으로 자멸적인 결과를 피하기 위해 그와 같은 도덕적 제한을 받아들이고 준수하는 경우에만 우리들 각자의 목표를 성취하는 데에 유리하게 작용할 수 있을 것이다. 다시 말해 수정된 이론은 어느 누구도 이반 전략에 따라서 행동하지 않으리라는 보장이 있을 때에만 합리적일 수 있는 것이다. 그러나 타산적인 개인들은 집단적으로 자멸적인 결과를 피하는 데에는 관심이 전혀 없을 수도 있으며, 따라서 기존의 타산적인 도덕 이론이 그들 각자에게 개인적으로 자멸적이지만

>**24** 같은 책, 545면.

않다면 여전히 직접적으로 자기 이익의 극대화를 추구하는 것이 합리적이라고 판단할 수도 있다. 더욱이 도덕 체계를 준수하지 않는 것이 자신의 타산적인 고려에 부합되는 선택이라고 생각하는 개인들은 이반 전략을 따름으로써 도덕 체계를 준수하는 사람들의 제한적 극대화 성향에 효과적으로 기생할 수 있을지도 모른다.

따라서 도덕 체계를 준수하지 않는 사람은 결코 자기 이익을 극대화할 수 없다거나 궁극적으로 불리한 결과와 마주치게 된다는 보장이 없는 한, 수정된 이론은 합리적인 개인들의 직접적인 극대화 성향을 억제하는 데 성공할 수 없다. 단적으로 말해서 "몇몇 사람들이 협력하지 않을 경우에는 수정된 이론이 더 이상 적용될 수 없는"[25] 것이다. 이렇게 해서 도구적 합리성에 기초한 도덕 이론은 각 개인에게 도덕적이어야만 하는 안정적인 이유를 제공할 수 없다는 사실이 다시 한번 드러난다. 그러한 도덕 이론은 자기 이익의 극대화라는 목표의 달성을 위해 협력적인 성향으로 표출되는 강한 의미의 상호성(reciprocity)과 이반에의 욕망으로 표출되는 강한 의미의 개체성(individuality)을 동시에 요구할 수밖에 없다. 그리고 바로 이 점이야말로 도구적 합리성이 노정하게 되는 내적 자기모순의 핵심인 것이다.

2. 공적인 도덕성의 사적인 성격

필자는 지금까지 도덕성을 도구적 합리성에 의거해서 정당화하려고 하는 도덕철학적 기획의 내적인 자기모순을 분석해 보았다. 그러한 기획은 대개 도덕성이 궁극적으로 호모 에코노미쿠스의 자기 이익에

>25 같은 책, 541면.

대한 고려에서 나온 것이라고 주장한다. 이와 같은 주장에 따르면 도덕은 결국 자기 이익의 극대화를 추구하는 개인들이 이해관계의 갈등을 상호주관적으로 조정하기 위해서 마련한 게임의 규칙일 뿐이다. 환언하면 도덕은 이기적인 욕망들의 충돌을 조정하기 위한 계산적 지성의 발명품이라는 것이다. 물론 도덕은 이기적인 나에게 직접적으로 나의 이익을 극대화하라고 명령하지는 않는다. 오히려 그것은 공평히 상호 이익을 추구할 것을 명령한다. 하지만 그러한 '상호 이익'이 다시금 나의 '자기 이익'을 극대화하기 위한 수단으로 이해되고 있는 한, 도덕은 단순히 나로부터 시작하여 나에게 이르는 동어반복적 여정을 지시하는 것에 불과하다. 도덕성을 이처럼 이기적인 개인들 간의 신사협정에서 나온 것으로 보는 견해는 이기주의적인 개체성의 초월을 도덕성 일반의 요체로 간주해 온 또 하나의 사유 전통>26에 대한 중대한 도전이기도 하다. 피터 싱어(Peter Singer)는 그와 같은 전통의 연장선상에서 윤리 내지 도덕의 초개인적인 성격을 다음과 같이 압축적으로 표현한다.

> 윤리의 개념에는 개체보다 더 원대한 어떤 것의 관념이 수반된다. 만약 내가 윤리적인 근거를 들어 나의 행위를 옹호하고자 한다면, 나는 그 행위가 나에게 가져오는 이익만을 지적할 수는 없다. 나는 더 많은 청중에게 호소해야만 한다.>27

실제로 우리는 자기 이익의 극대화와 동기적으로 무관한 도덕적

>26 필자는 V장에서 그와 같은 전통에 속해 있는 몇몇 사상가들의 사유를 분석할 것이다.

>27 P. Singer, *Practical Ethics*, Cambridge University Press, Cambridge 1993, 10면.

결단의 사례들을 무수히 열거할 수 있다. 예컨대 환경 보호, 인권, 민주주의, 빈곤 퇴치 등의 대의를 위해 헌신하기로 한 사람들의 선택은, 그들의 진정성을 우리가 의심하지 않아도 된다면, 보상이나 대가를 바라지 않는 도덕적 결단의 전형적인 사례로 간주될 수 있다. 그렇다면 개체성의 초월과 함께 개시되는 도덕성의 차원은 단순히 사적인 자기 이익에 대한 고려로 환원될 수 없다. 또한 사적인 자기 이익에 대한 고려가 전략적으로 도덕성을 필요로 한다고 해서 이기주의적인 개체성이 극복될 수 있는 것도 아니다. 왜냐하면 그와 같은 도구적 합리성은 개체성을 극복하기는커녕 공평성으로서의 도덕성을 개체성 위에 정초함으로써 도리어 개체성을 더욱더 강화할 뿐이기 때문이다. 크리스틴 M. 코스가드(Christine M. Korsgaard)는 이와 유사한 맥락에서 도덕성의 도구적인 정당화를 시도하는 논변의 근본적인 문제점 하나를 우리에게 환기하고 있다. 그것은 바로 자기 이익과 같은 사적인(private), 즉 행위자 자신하고만 관계가 있는(agent-relative) 행위의 이유는 결코 공적인(public), 즉 공평무사한(agent-neutral) 도덕성의 기초가 될 수 없다는 것이다.

그녀는 「가치의 기원과 의무의 범위」라는 논문에서 도구적 합리성에 의거해서 도덕성을 정당화하려는 기획이 최근 영미 도덕철학의 주류를 형성해 왔다고 진단하고 있다. 그러한 기획은 본성적으로 이기적인 각 개인의 자기 이익을 도덕적인 규범들의 확실한 원천으로 간주하며, 따라서 그러한 자기 이익이야말로 각 개인에게 도덕적인 체계에 참여해야 하는 어떤 이유를 제공한다고 주장한다.>28 하지만

>28 이에 관해서는 C. M. Korsgaard, "The origin of value and the scope of obligation, in: O. O' Neill(ed.), *The Sources of Normativity*, Cambridge University Press, Cambridge 1996, 132면 참조.

그녀에 따르면 그러한 기획은 행위의 사적인 이유들과 공적인 이유들 사이의 간극을 메울 수 없다는 점에서 근본적으로 성공할 수 없는 기획이다. 왜냐하면 모든 사람들을 공평히 대우해야 할 의무의 기초가 나의 사적인 자기 이익인 한, 그와 같은 의무는 엄밀히 말해서 타인들에 대한 의무가 아닐 것이기 때문이다. 그런 경우에 나는 단지 "내가 너에게 부여하는 가치를 존중하는 방식으로 너를 대우해야만 할, '나 자신에 대한' 의무를 갖는"[29] 셈이다.

그러나 만약 나에게는 나만의 사적인 이유들이 있고 너에게는 너만의 사적인 이유들이 있을 뿐이라면, 우리는 행위의 공적인 이유를 결코 발견할 수 없다. 다시 말해 "만약 [행위의] 이유들이 본질적으로 사적인 것이라면, 일관성은 당신의 이유들을 고려하라고 나에게 강요하지 않을 것이다."[30] 오히려 사적인 이유들은 언제까지나 사적인 이유들로 남아 있을 것이며, 그런 까닭에 사적인 이유들과 공적인 이유들 사이의 간극은 그 어떤 논증으로도 메워질 수 없을 것이다. 그럼에도 불구하고 도구적 합리성에 의거한 도덕성의 정당화 논변은 "[행위의] 이유들이 사적인 것이라는 가정에서 출발하여 그러한 이유들의 공적인 성격을 구성하려고(construct)" 한다. 그러나 이 경우에 "이유들의 공적인 성격은 말하자면 본래는 사적인 것일 뿐인 이유들의 호혜적인 교환에 의해서 창조된(created)"[31] 것일 뿐이다.

더욱이 그러한 논변은 사실상 인간의 사회적인 본성을 부정하는 것과 똑같은 결과를 낳는다. 왜냐하면 도덕성의 도구적인 정당화를 시도하는 현대의 도덕철학자들은 대개 인간의 본질적인 사회성과는

>29 같은 책, 134면.

>30 같은 곳.

>31 같은 책, 133~4면.

전혀 다른 가정, 즉 사적인 자기 이익의 극대화를 추구하는 호모 에코노미쿠스의 도구적 합리성에서 출발하여 도구적인 의미에서 합리적이어야 할 필요에 따라 부수적으로 상호 협력의 요구를 제기하기 때문이다. 그렇기 때문에 도구적 합리성의 견지에서는 "우리의 사교성(sociability)은 지나치게 생물학적인 또는 우연적인 사실이어서 합리적인 논증에서 아무런 역할도 할 수 없는 것처럼"[>32] 보인다. 다시 말해 "우리가 사회적이라는 말의 의미는 단지 우리가 개인으로서 원하는 것들을 얻기 위해 협력할 필요가 있다는, 즉 우리는 사회적이어야 할 사적인 이유들을 갖는다는 것일 뿐"[>33]인 것처럼 보인다. 그러나 코스가드는 "[도덕적인 행위의] 이유들은 그 본질상 사적인 것이 아니라 공적인 것"[>34]임을 강조한다. 왜냐하면 "만약 그러한 이유들이 정말 본질적으로 사적인 것이라면, 그것들을 교환하거나 공유하는 것은 불가능할 것"[>35]이기 때문이다.

그렇다면 도구적 합리성에 의거한 도덕성의 정당화 논변은 이러한 문제의식의 발로로서 제기되는 일련의 물음들에 대답해야만 한다. 우리는 도덕적인 행위를 해야만 하는 이유가 정말로 그 행위에 의해 초래될 것으로 기대되는 우리의 사적인 자기 이익에 있다고 생각할 수 있을까? 공적인 도덕성은 정말로 그와 같은 의미에서 사적인 성격을 갖는가? 도구적 합리성에 의거해서 도덕성을 정당화하려는 기획의 근본적인 문제점은 바로 정의상 공평성을 본질로 하는 도덕성을 개개인의 사적인 욕망을 충족시키기 위한 수단으로 간주한다

>32 같은 책, 135면.

>33 같은 책, 136면.

>34 같은 책, 134~5면.

>35 같은 책, 135면.

는 데에 있다. 그러나 이처럼 개개인의 사적인 자기 이익을 모든 실천적 추론의 아르키메데스적 점(Archimedean point)으로 간주할 경우에는 앞에서 확인한 것처럼 도덕적인 삶의 방식이 자신에게 무익하다고 생각하는 개인들의 탈도덕적인 이반을 비난할 수도 정당화할 수도 없는 모순적인 상황에 봉착하게 된다. 요컨대 "그러한[도구적 합리성에 의거해서 도덕성을 정당화하는] 논변들은 또한 필연적으로 무임승차자 문제에 기인한 장애에 직면하게">36 되는 것이다.

그렇다면 이제 우리는 도덕성의 합리적인 정당화를 포기해야만 할까? 도덕성의 도구적인 합리성 여부에 관한 검토는 일견 합리적인 선택과 도덕적인 선택이 상충한다는 결론으로 우리를 유도해 가는 것처럼 보인다. 또한 그런 연유로 이제는 도덕성의 합리적인 정당화를 포기하는 것만이 '도덕성의 비합리성'이나 '합리성의 비도덕성'에 관한 소모적인 시비에서 벗어날 수 있는 유일한 길인 것처럼 보인다. 그렇다면 우리는 다행히도 '도덕적인 요구는 얼마나 합리적인가?'라는, 혹은 '합리적인 요구는 얼마나 도덕적인가?'라는 물음을 더 이상 제기하지 않아도 되는 이론적 국면으로 이행한 것일까?

분명한 것은 합리성이라는 개념의 의미가 도구적 합리성에 의해 남김없이 현시되었다고 말할 수 있는 근거는 없다는 점이다. 그렇다면 우리는 엄밀히 말해서 도덕적인 것이 합리적인 것과 무관하다고 생각해야만 하는 시점에 와 있다기보다는 오히려 합리성의 개념을 재고해야만 하는 시점에 와 있는 셈이다. 왜냐하면 필자가 Ⅱ장 1절에서 합리성 일반의 형식적인 최소 요건으로서 제안한 '이유 또는 근거

>36 같은 책, 134면.

의 존재' 와 '자율성' 이 반드시 합리성의 도구적인 해석에 의해서만 만족되는 것은 아니기 때문이다. 따라서 우리는 이 장에서 분석했던 도구적 합리성의 내재적인 한계를 도덕성의 합리적인 정당화 자체가 불가능하다고 단언할 수 있는 근거로 간주할 필요는 없다. 오히려 우리는 그러한 한계를 '합리적이지만 도구적이지는 않은' 실천 이성의 기능에 의거해서 도덕성의 정당화를 새롭게 시도하도록 고무하는 이론적 자극으로 간주할 수도 있다.

따라서 이기적인 단독자로서의 개인과 그가 추구하는 효용은 더 이상 우리가 '도덕적인 것은 어떤 의미에서 합리적인 것인가?' 라는 물음에 대답하고자 할 때 고려해야만 하는 합리성의 유일한 의미 요소로 간주될 수 없다. 우리는 가능한 한 도덕적으로 행위 해야만 하는 다른 종류의 이유를 발견하기 위해 여전히 노력을 기울여야만 한다. 다시 말해 우리에게는 다른 종류의 합리성 개념에 의거해서 도덕성이 합리적으로 요구되는 것이라고 주장할 수 있는 여지가 아직 남아 있을 수도 있다. 행위의 도구성에 대한 고려들이 행위의 충분한 이유를 제공할 수 없다는 우리의 결론은 이렇게 해서 도구적 합리성이 행사할 수 있는 권한에 대한 근본적 반성으로 우리를 이끌어 간다. 우리의 이성은 과연 우리의 이익을 극대화하는 방법을 구상하는 데 동원되는 계산 능력에 불과한 것일까? 그것은 과연 욕망의 충족에 필요한 수단들의 합목적적인 배열을 지시하는 기능일 뿐이며, 합리성이란 단적으로 말해서 이성의 그와 같은 도구적 효능을 나타내는 수사에 불과한 것일까? 아니면 우리가 우리의 행위를 통해 충족시키기를 원하는 우리의 욕망의 가치를 평가하며 이에 준하여 우리의 욕망을 조정하고 규제하는 이성의 기능이 존재하는가? 필자는 이제부터 도구성으로 환원되지 않는 이성의 기능에 의거해서 도덕성의 기초가 될 수 있는 규범적인 성격의 합리성 개념을 정립할 수 있는 가능성을 탐색해 볼 것이다.

V

규범적 합리성 개념의 몇 가지 실례들

우리의 합리성은 어떤 의미에서는 우주의 설계자로 이해된 신의 의지와 같은 것에 더 이상 기댈 수 없게 된 세속화의 시대>1에 우리가 우리의 도덕적인 신념이나 행위의 의미를 발견하기 위해 기댈 수 있는 마지막 근거일 것이다. 또한 도덕성이 우리의 삶으로부터 제기되는 실천적인 요구들과는 상관없이 그 자체로 절대적인 권위를 지닌 객관적 실재의 보편적인 질서인 것처럼 상상하기도 매우 어려운 일이다. 왜냐하면 "윤리는 마치 원자들처럼 우주의 구조의 일부인 것은 아니기">2 때문이다. 다시 말해 "윤리적인 진리들은 우주라는 건축물 안에 씌어 있는 것이 아니다.">3 이와 같은 맥락에서는 자연스럽게

>1 이와 같은 일반적인 인식은 비단 우주의 섭리의 통일적인 주재자로서의 신의 '존재'에 대한 믿음이 오늘날에 와서 무력해졌다는 사실만을 반영하는 것은 아니다. 만약 신이 '무도덕적인' 절대 권력에 불과한 존재라면, 그와 같은 신이 존재한다고 해도 우리는 더 이상 신의 의지를 무조건적인 경외와 복종의 대상으로서 승인할 수 없을 것이다. 그러나 이와는 반대로 설령 신이 복종할 만한 가치가 있는 '도덕적인' 권위를 가진 존재라고 해도 우리는 신의 의지와 거기에서 나온 명령이 도덕적으로 선하다고 생각될 수 있는 이유를 여전히 물을 수 있으며, 또한 물어야만 한다. 그런 의미에서 도덕성의 기초에 관한 물음은 기독교 신앙의 맥락에서는 결코 대답할 수 없는 성질의 물음이다. 이에 관해서는 M. Midgley, "The origin of ethics", in: P. Singer(ed.), *Companion to Ethics*, 4면 참조.

>2 P. Singer, *How Are We To Live?: Ethics in an age of self-interest*, 223면.

다음과 같은 물음이 제기될 수밖에 없다.

> 신에 대한 믿음이 없는 상태에서 윤리의 토대를 발견할 수 있는 다른 길로는 어떤 것들이 있을까? 윤리의 본성을 세속적인 방식으로 연구하여 어떻게 살아야만 하는가에 관한 모종의 철학적 기초를 발견하는 것이 과연 가능할까?[4]

이 물음에 대하여 '긍정적으로' 대답하는 것을 허용하는 것은 전술한 이유로 오직 인간의 합리성뿐임을 우리는 인정할 수밖에 없는 것처럼 보인다. 또한 이와 관련하여 우리가 마땅히 인정해야만 하는 또 하나의 사실은 바로 이성의 도구적인 기능이 인간의 합리성을 정의하는 데 있어서 매우 중요한 역할을 담당한다는 점이다. 우리는 필요한 모든 경우에 도구적인 의미에서 합리적이지 않으면 안 된다. 예컨대 만약 내가 현재 생명이 위태로운 극한 상황에 처해 있다면, 나는 당연히 그러한 상황에서 벗어나겠다는 목적을 달성하기 위해 내가 이용할 수 있는 효과적 수단들을 총동원하는 최대한의 도구적 기지를 발휘해야만 한다. 우리의 경제 행위에 관해서도 우리는 똑같은 말을 할 수 있다. 우리는 생물학적인 자기보존과 인간적인 자존의 유지를 위해서 필요한 만큼은 경제적으로 합리적이어야만 한다. 경제적으로 합리적이지 않은 가장과 국가 관료는 가족과 국민을 굶기게 될 것이다. 우리가 필요한 모든 경우에 도구적인 의미에서 합리적일 필요가 있다는 사실을 부인하는 사람은 그런 점에서 매우 비합리적인 사람일 것이다.

>3 같은 책, 275면.

>4 같은 책, 223면.

또한 '주어진' 목표를 달성하는 것이 현재 나의 지상 과제라면, 그러한 목표에 적합하지 않은 수단을 선택하는 것은 분명 비합리적인 처사일 것이다. 목적이 어디까지나 수단에 대한 목적이고 수단이 어디까지나 목적에 대한 수단인 한, '수단은 목적의 달성에 도움이 되어야만 한다'라는 명제의 진리치는 항상 참일 수밖에 없다. 그러나 이와 같은 외견상의 자명성은 필자가 보기에 도구적 합리성의 절대적인 타당성에 관한 환상이 만들어지는 지점인 동시에 도구적 합리성의 중대한 한계가 적나라하게 노출되는 지점이기도 하다.

우리가 엄격히 내재적인 시각을 가지고 '주어진' 목적에 의해서 비로소 개시되는 도구적 합리성의 문제에 접근할 경우 도구적 합리성의 정당성은 이론적인 증명을 요구하는 사안이라기보다는 오히려 자명하게 이해되는 진리인 것처럼 보인다. 왜냐하면 '목적'과 '수단'의 의미론적인 역학(力學)이 바뀌지 않는 한 '주어진' 목표와 '선택될' 수단의 체계적인 정합에 대한 요구는 정당하다고 볼 수밖에 없기 때문이다. 역설적이게도 도구적 합리성의 가장 엄격한 비판자였던 칸트는 이 점을 누구보다도 더 잘 알고 있었다. 그에 따르면 목적과 수단의 체계적인 정합에 대한 요구>5를 표현하는 명제는 '분석적인' 성격의 명제이다. 왜냐하면 "내가 얻고자 하는 결과로서의 어떤 목표에 대한 의욕 속에서는 이미 행위하는 원인으로서의 나의 인과성, 즉 수단의 사용이 사유되고 있기">6 때문이다.

>5 그러한 요구는 이를테면 다음과 같은 명제로 표현된다. "목적을 원하는 사람은 (이성이 그의 행위에 결정적인 영향을 미치는 한) 그것을 이루는 데 필요불가결한 수단을 그의 힘이 미치는 범위 내에서 함께 원한다."(I. Kant, *Grundlegung zur Metaphysik der Sitten*, hrsg. von K. Vorländer, 7. Aufl., Felix Meiner Verlag, Hamburg 1994, 38면. 앞으로는 이 저작을 *GMS*로 약칭함)

그러나 칸트가 그랬던 것처럼 도구적 합리성에 대하여 우리가 반드시 물어야 할 것은 그와 같이 모든 종류의 목표를 무조건 '주어진' 것으로, 즉 일종의 도덕적인 소여로 간주하는 것이 과연 정당한가 하는 것이다. 특히 우리가 Ⅲ장에서 확인한 것처럼 도구적 합리성을 일관되게 옹호하는 표준적인 형식, 예를 들면 고티에의 합리적 선택 이론이 자기 이익의 극대화를 합리성의 충분조건으로 간주한다는 점을 감안할 때 우리는 과연 고티에처럼 자기 이익을 극대화하고자 하는 욕망이 자동적으로 행위의 목표를 결정한다고 생각해야 할 이유가 무엇인지를 묻지 않을 수 없다. 다시 말해 우리는 존재하는 것으로서 지각된 욕망이 그대로 행위의 목표가 되어도 좋다고 주장할 수 있는 근거가 무엇인지를 반드시 물어야만 하는 것이다.

그와 같이 자기 이익을 극대화하려는 욕망을 행위의 목표 또는 이유와 직접적으로 동일시하는 이론적 경향들은 그 무엇으로도 매개되지 않은 욕망의 직접성이 그 자체로서 자동적으로 정당화될 수 있을 것 같은 가상을 불러일으킨다. 그러나 구체적인 행위를 선택하기에 앞서 행위의 목적을 형성하고 행위의 이유를 결정하는 데 관여하는 반성적 숙고의 작용을 무시하고 오직 이기적인 욕망의 충족과 관련된 극대화와 일관성만을 합리성의 충분조건으로 간주하는 것은 엄격히 말해서 근거지어지지 않은 독단임에 틀림없다. 우리는 그 어떤 경우에도 합리적인 개인은 반드시 이기적인 개인이어야 한다거나 자기 이익의 극대화를 목적으로 삼고 추구하지 않는 사람은 합리적인 사람이 아니라고 말할 수 없다. 아마티아 센(Amartya Sen)은 이런 맥락에서 극대화를 골자로 하는 합리성 개념에 대하여 다음과 같이 이의

>**6** 같은 곳.

를 제기하고 있다.

> 다른 것은 다 제쳐 두고 왜 오직 자기 이익을 추구하는 것만이 유일하게 합리적이란 말인가? 물론 자기 이익의 극대화가 비합리적이지 않다거나 적어도 꼭 비합리적인 것은 아니라고 주장하는 것은 결코 틀린 말이 아닐 수도 있다. 그러나 자기 이익을 극대화하는 것 말고는 그 어떤 것도 비합리적인 것임에 틀림없다고 주장하는 것은 아주 이상하게 들린다.>7

실제로 우리는 자기 이익을 극대화하고자 하는 우리의 욕망을 행위의 목표로 전환하기에 앞서 그것이 과연 충족시킬 만한 욕망인지의 여부를 상황에 따라 반성적으로 검토할 수 있으며, 이를 통해 오히려 자기 이익의 극대화에 배치되는 목표를 '합리적으로' 설정하고 이를 관철하기 위해 '합리적으로' 노력할 수도 있다.

이렇게 볼 때 우리의 행위의 목표는 도덕적인 소여가 아니라 오히려 도덕적인 선택의 결과라고 보는 것이 타당할 것이다. 이와 같은 관점은 사실상 우리의 상식적인 직관과도 일치한다. 일반적으로 우리는 어떤 행위를 그것이 행위자가 설정한 임의의 목적에 대하여 얼마만큼의 도구적인 가치를 갖는가에 따라서 평가하기보다는 오히려 그것이 추구하는 목적, 그리고 그것을 하게 된 이유나 동기가 도덕적으로 얼마나 적절한가에 의거해서 평가하는 경향이 있다. 우리는 결코 그 행위의 도구적인 효용이 그 행위의 합리성 여부를 결정한다고 생각하지 않는다. 예컨대 어떤 도둑이 치밀한 범행 계획을 세우고 그것을 용의주도하게 실행에 옮겼다고 하자. 그 도둑은 설령 도구적으로

>7 *EE*, 15면.

일관된 일련의 선택들을 통해 도둑질의 성공이라는 목적을 효과적으로 달성했다 하더라도 그 행위의 목표가 도덕적으로 적절했다고 판단할 수 없는 한 그 도둑의 행위는 결코 합리적인 행위로 간주될 수 없을 것이다.

따라서 우리로서는 이성의 기능이 욕망에 의해서 이미 결정된 목표를 달성하기 위해 도구적으로 정합적인 수단들을 준비하고 배치하는 도구성에 국한된다고 생각할 이유가 없다. 오히려 우리의 이성은 우리의 욕망 자체를 비판적으로 검토하며, 경우에 따라서는 행위의 목표를 그러한 욕망과 무관하게 형성할 수 있는 반성적 기능을 가지고 있다. 그리고 합리성의 개념이 이성의 자기이해(self-understanding)의 산물인 한에서 우리의 이성에 대한 그와 같은 새로운 이해는 당연히 합리성의 새로운 개념을 필요로 한다고 말할 수 있다. 우리는 과연 그와 같이 도구성으로 환원되지 않는 새로운 종류의 합리성 개념을 제시할 수 있을까? 그것도 합리성의 도구적인 개념이 갖고 있는 단순성의 '미덕'을 상쇄할 수 있을 만큼의 논리적인, 그리고 동기적인 설득력을 가진 것으로서 제시할 수 있을까? 그와 같은 새로운 종류의 합리성을 필자는 편의상 '도구적 합리성'과 구별하여 '규범적 합리성'이라고 부를 것이다.

그런데 우리는 규범적 합리성에 의거해서 행위를 선택하는 경우에도 우리의 욕망이 그와 같은 선택에 있어서 중요한 고려사항의 하나가 되리라는 점을 부정할 필요는 없다. 다만 규범적 합리성에 의거한 선택에서는 욕망이 행위의 목표와 이유를 직접적으로 또는 자동적으로 결정하지는 않을 것이다. 만약 규범적으로 합리적인 어떤 사람이 어떤 욕망을 충족시키는 것이 합리적이라는 판단하에 그것을 충족시킬 어떤 행위를 하기로 했다면, 그와 같은 결단의 결정적인 근거는 단순히 그 사람이 충족시키기를 원하는 어떤 욕망이 존재했다는 사실이라기보다는 오히려 그러한 욕망이 그 사람의 반성적인 숙고에 의해서 평가된 끝에 충족시켜도 좋은 어떤 것으로서 채택되었다는 사실일 것이다.

이렇게 볼 때 도구적 합리성으로 환원될 수 없는 규범적 합리성의 의의를 부각시키기 위해서 무엇보다도 먼저 필요한 것은 도구적인 고려로 환원되지 않는 이성의 기능, 즉 우리의 실천적인 추론을 이끌어 가는 반성적 숙고의 구조를 상술하는 것이라 할 수 있다. 우리의 실천적인 추론은 결코 일차원적이고 평면적인 연산과 같은 것이 아니다. 엄밀히 말하면 자기 이익의 극대화를 꾀하는 도구적 이성조차도 하사니, 고티에, 그리고 롤스의 경우를 검토하면서 확인했던 것처럼 직접적인 극대화에 대한 제한으로서의 도덕성을 합리성의 일부로 간주한다는 점에서 그 자체로 이미 욕망의 직접성을 넘어설 수 있을 만큼의 일정한 반성성을 전제로 한다. 그러나 규범적으로 합리적인 사람의 숙고는 '선택될' 행위들의 도구적인 효용에 대한 반성에 국한되지 않고 행위자의 욕망에 의해서 '주어진' 목표 그 자체에 대한 반성으로까지 나아간다는 점에서 도구적 합리성의 제한적인 반성성보다 더 근본적인 성격의 반성성을 보여 준다고 말할 수 있다. 우리는 존재하는 것으로서 지각된 욕망의 명령에 맹목적으로 복종하지는 않는 이성적 숙고의 구조 속에서 그와 같은 반성성의 증거들을 발견할 수 있다.

먼저 우리 모두는 제각기 이기적인 욕망의 주체이면서 동시에 우리 자신과 타인들을 그러한 욕망의 동등한 주체로서 지각하는 주체이기도 하다. 우리는 일단 우리의 이기적인 욕망이 행위의 목적과 이유를 결정하는 데 있어서 충분히 고려되어야만 하는 요인들 중 하나라는 사실을 어렵지 않게 인정할 수 있다. 그런 의미에서 만약 누군가가 선택의 기로에 놓인 행위자에게 그의 욕망을 아예 무시하라고 요구한다면, 이는 분명 부당한 강압이라고 해야 옳을 것이다. 그러나 규범적으로 합리적인 사람이 행위의 목적과 이유를 결정하는 과정에는 오직 그 사람의 이기적인 욕망만이 개입하는 것은 아니다. 거기에는 그 사람의 반성적인 숙고가 함께 개입하여 그의 이기적인 욕망이 '자동적으로' 행위의 목표와 이유를 결정하지 못하게끔 제한하는 역할을 수행한다.

그와 같은 반성적 숙고의 구조가 암시하는 것은 바로 우리의 욕망이 다른 사람들의 욕망과 충돌할 경우에 전자가 후자보다 더 중요하다거나 우선적으로 고려되어야만 한다고 주장할 수 있는 근거가 존재하지 않는다는 점이다. 그리고 이는 곧 우리의 반성적인 숙고가 우리의 이기적인 욕망과 행위의 이유와의 직접적인 연결을 더 이상 승인하지 않는다는 것을 의미한다. 다시 말해 우리의 반성적인 숙고에서 기본적인 전제의 역할을 수행하는 것은 바로 다음과 같은 명제라고 할 수 있다.

> 어떤 사람이 X를 하기를 욕망할 경우에 그는 당연히 X를 해야만 하는 이유를 갖는다는 것은 사실이 아니(며, 심지어는 그 스스로 그런 이유를 갖는다고 생각한다는 것조차 사실이 아니)다.[8]

그리고 이와 같이 우리의 반성적인 숙고가 우리의 이기적인 욕망

---

[8] G. Watson, "Free Agency", in: G. Watson(ed.), *Free Will*, Oxford University Press, Oxford 1982, 100면.

의 발언권을 제한하는 역할을 수행한다는 점이야말로 그것이 갖는 규범적인 함축의 핵심인 동시에 합리성 개념의 도구주의적인 제한에 반대할 수 있는 궁극적인 근거라고 할 수 있을 것이다.

그런데 우리의 반성적인 숙고는 도대체 어떤 방식으로 규범적인 함축을 드러내는 것일까? 우리의 반성적인 숙고의 가능 조건으로서 우리가 인정할 수밖에 없는 최초의 사실은 우리의 이기적인 욕망 자체는 무엇이 선인가 하는 문제에 대해서는 침묵한다는 점이다. 그런 점에서 우리의 반성적인 숙고는 우리의 욕망이 행위의 목표와 이유를 결정하는 요인으로서 적합한가의 여부를 검토함으로써 규범적으로 합리적인 사람의 실천적인 추론을 인도해 가는 역할을 수행한다. 그와 같은 숙고의 과정에서 그 사람은 자신의 욕망이 과연 충족시킬 만한 가치가 있는 것인지를 자문함으로써 그것을 반성적으로 평가하게 되며, 궁극적으로는 그러한 반성의 매개로 행위의 적절한 이유를 형성하게 되는 것이다. 이기적인 욕망의 직접성에 대한 그와 같은 이성의 반성은 적어도 두 가지 경로로, 즉 공평성(impartiality)과 비도구성(non-instrumentality)에 대한 고려를 통해서 규범적인 함축을 드러낸다.

첫째, 우리의 반성적인 숙고는 다른 사람들의 욕망에 우리가 무관심해선 안 된다는 것을 함축한다. 이는 곧 내가 나 자신의 이기적인 욕망을 충족시키기 위해서 선택한 행위가 다른 사람들이 가진 욕망의 충족 여부에 어떻게든 영향을 미치게끔 되어 있을 때 다른 사람들의 욕망을 나의 실천적인 추론에 반영할 필요가 없는 요인으로 치부해 버려선 안 된다는 것을 의미한다. 바로 그런 점에서 우리의 반성적인 숙고는 우리 모두가 나름대로의 욕망을 가진 존재라는 사실을, 그리고 더 나아가서는 나의 욕망과 다른 사람들의 욕망이 동등하게 중요하다는 사실을 가능한 한 존중하고자 하는 태도를 함축하는 것이다. 우리의 반성적인 숙고는 이렇게 해서 도덕성 일반의 요체로 간주될 수 있는 하나의 특징적인 계기를 확보하게 된다. 다시 말해 그것은 개체성의 초월에 의해서 비로소 담보되는 공평성을 확보할 수 있게 되는 것이다.

둘째, 우리의 반성적인 숙고는 나의 행위에 의해 나와 관련을 갖게 된 다른 사람들을 단순히 나의 욕망을 충족시키기 위한 수단으로 취급해선 안 된다는 점을 함축한다. 그러나 이는 결코 새로운 통찰이 아니다. 칸트는 이미 오래전에 도덕성의 원칙을 표현하는 한 가지 방식으로서 그와 같은 실천 이성의 반성성을 부각시키면서 그것을 다음과 같은 정언명법의 법식으로 표현한 바 있다.

> 너의 인격에 있어서건 모든 다른 사람의 인격에 있어서건 간에 인간성을 항상 동시에 목적으로서 사용하되 결코 단순한 수단으로서 사용하지는 않도록 행위하라.[9]

우리의 반성적인 숙고에 내포된 이와 같은 종류의 규범적 함축은 분명 실천 이성의 비도구적인 사용을 지시하는 것이다. 그러나 엄밀히 말해서 그와 같은 비도구성의 요구는 도구적인 이성 자체를, 즉 실천 이성의 도구적인 사용 자체를 금지하는 것이라기보다는 차라리 도구적인 이성의 월권을, 즉 실천 이성의 도구주의적인 자기제한을 금지하는 것이다. 그리고 이는 곧 우리가 우리 자신의 욕망을 충족시키기 위해 나 자신과 다른 사람들을 단순한 수단으로서 이용하지 않

>**9** *GMS*, 52면.

는 한, 우리가 우리 자신의 욕망을 충족시키려고 노력하거나 그러한 욕망에 의거해서 행위를 선택하는 것은 결코 비합리적인 처사가 아니라는 것을 의미한다. 다시 말해 우리의 반성적인 숙고에 함축된 규범적 기준에 위배되지 않는 도구성은 '합리적으로 허용'될 수도 있는 것이다.>10

그렇다면 이제 우리는 합리적인 선택, 즉 근거지어진 선택을 재정의해 볼 수 있는 시점에 다다랐다. 우리의 이성이 수행하는 반성적 숙고가 전술한 바와 같은 규범적 함축들을 갖고 있다는 것이 사실이라면 합리성은 더 이상 자기 이익의 극대화나 선택의 내적인 일관성 같은 무도덕적 술어들에 의해서만 정의될 수는 없다. 반대로 우리들 각자는 합리적이기를 원하는 한 때로는 자기 이익의 극대화를 위한 도구적 고려와는 무관하게 반성적으로 숙고하는 한 사람의 행위자로서 행위를 선택하지 않으면 안 된다. 따라서 만약 우리가 우리의 어떤 욕망을 충족시키기 위해서 하려고 하는 행위가 그 욕망과 동등하게 중요한 다른 사람들의 욕망을 억압하거나 그들을 수단화할 소지를 조금이라도 갖는다면, 우리는 그 행위를 우리가 해야만 하는 이유가 있는 행위로서, 즉 합리적인 행위로서 승인해선 안 된다. 여기에서 무엇보다도 중요한 것은 어떤 행위가 합리적인 것으로서 승인된다고 판단할 수 있는 결정적인 이유가 무엇인지를 정확히 이해하는

>10 예컨대 어떤 사람이 특정한 행위를 선택함으로써 그의 욕망을 효과적으로 충족시켰다고 하자. 이 경우에 만약 그가 그 자신과 다른 사람들을 수단으로서 이용하지 않았다면, 그것도 결과적으로 우연히 그렇게 된 것이 아니라 그가 의식적으로 그런 신중함을 갖고서 그런 행위를 선택한 것이라면, 우리는 단순히 그의 이성이 그의 욕망을 충족시키기 위한 수단으로 사용되었다는 이유만으로 그의 실천적인 추론이 불합리한 것이었다고 주장할 수는 없다. 그리고 이는 규범적 합리성이 도구적 합리성을 무조건 배제하지는 않는다고 말할 수 있는 이유이기도 하다. 이 점에 관해서는 VI장에서 다시 논의할 것이다.

것이다. 우리의 행위가 합리적인 것으로서 승인될 수 있는 것은 단적으로 말해서 그것이 우리들 각자의 사적인 자기 이익을 극대화하기 위한 하나의 효과적 수단이기 때문이 아니라 오히려 그것이 우리의 이성이 수행하는 반성적 숙고의 규범적인 기준들을 만족시키기 때문이다.

사실상 우리는 그와 같은 종류의 규범적인 합리성 개념이 우리에게 전혀 낯선 것은 아니라는 점을 이미 그리고 충분히 알고 있다. 실제로 우리는 자기 이익과 관련된 욕망의 직접성에 번번이 굴복하고 마는 사람을 합리적인 사람이라고 부르지는 않는다. 설령 그가 고도의 도구적인 지성을 발휘하여 욕망의 충족과 관련된 확률과 기대치를 정확히 계산할 수 있는 사람이라고 해도 그러한 사실은 바뀌지 않는다. 더욱이 우리가 단순히 '주어진' 어떤 것으로 받아들이곤 하는 우리의 욕망 자체도 엄밀히 말하면 우리의 규범적인 가치 판단에 의해서 재구성된 욕망일 개연성이 높으며, 따라서 우리의 행위도 단순히 주어진 욕망을 직접적으로 표출하는 것이라기보다는 오히려 모종의 규범적인 이유들에 의해서 지지된 욕망을 표출하는 것일 개연성이 높다. 그렇다면 우리의 이성은 더 이상 주어진 욕망의 충족을 위해 무도덕적 지략을 발휘하는 기능으로 이해될 수 없다. 오히려 우리의 이성은 반성적인 숙고의 기능을 통해 우리가 가져도 되는 욕망과 가져선 안 되는 욕망을 준별함으로써 욕망 자체를 형성하는 데 관여하는 능력으로 이해되어야만 하며, 이와 같은 새로운 의미의 합리성, 즉 규범적 합리성의 관점에 따라 우리의 욕망도 이제는 '주어진 것'이 아닌 '합리적인 평가의 대상'으로 간주되어야만 한다.

그런 의미에서 욕망의 직접성을 이성의 여과 없이 그대로 받아들이는 사람은 합리적인 사람이기는커녕 해리 G. 프랭크퍼트(Harry G.

Frankfurt)의 말대로 이른바 '방종체(放縱體: wanton)'에 불과한 존재일 것이다.>11 사실상 우리는 이와 같은 관점에 입각한 행위 이론의 전범들이 철학의 역사 속에서 우리의 도덕적인 사유를 실질적으로 이끌어 왔다는 사실을 솔직히 인정하지 않으면 안 된다. 또한 그것을 인정하는 것은 곧 우리의 이성이 욕망을 '위한' 도구적인 성격의 기능이라기보다는 오히려 욕망에 '대한' 규범적인 성격의 기능임을 인정하는 것과 같다. 다시 말해 우리의 이성은 단순히 '어떻게 선택할 것인가?' 라는 물음에만 관여하는 기능이 아니라 오히려 '무엇을 선택할 것인가?' 라는 물음에 처음부터 관여하는 기능인 것이다.

필자는 이제 그와 같은 규범적인 합리성 개념의 실례를 제공하는 행위 이론의 몇 가지 유형을 간략히 분석하는 것으로 이 장의 논의를 끝마치려고 한다. 이러한 분석은 우리의 이성이 수행하는 반성적인 숙고의 구조들을 예시함으로써 도구성으로 환원될 수 없는 합리성의 규범적인 의의를 확인하는 작업이 될 것이다. 필자는 임마누엘 칸트와 찰스 테일러, 그리고 아마티아 센의 행위 이론을 필자가 지금까지 옹호해 온 규범적 합리성 개념의 실례로서 분석할 것이다. 이 세 명의 사상가들은 시대적으로, 그리고 계통적으로 관련될 소지가 별로

>11 이에 관해서는 H. G. Frankfurt, "Freedom of the Will and the Concept of a Person", in: G. Watson(ed.), *Free Will*, 86~9면 참조. 프랭크퍼트의 'wanton'이라는 용어는 번역하기가 쉽지 않다. 분명한 것은 그것을 '방종한 사람'으로 번역할 수는 없다는 사실이다. 왜냐하면 프랭크퍼트는 이른바 '제2차원의 의욕들(second-order volitions or volitions of the second order)'을 통해서 표출되는 반성적인 자기평가능력(capacity for reflective self-evaluation)을 인격성의 표지로 간주하고 있으며, 이에 따라 소위 '제1차원의 욕망들(first-order desires or desires of the first order)'에만 머물러 있는 존재는 인격으로 간주하지 않기 때문이다. 이런 점을 감안하여 필자는 방종한 사람을 모종의 비인격적인 존재와 동렬에 놓고자 하는 프랭크퍼트의 의도를 최대한 살리기 위해 '방종체'라는 역어를 택했다.

없어 보이는 것이 사실이다. 하지만 그럼에도 그들의 행위 이론은 모두 우리의 합리적인 숙고에 내포된 반성성과 그것의 규범적인 함축을 그들 나름대로의 방식으로 보여 주고 있다는 점에서 동등하게 우리의 주목을 받을 만한 충분한 가치가 있다고 생각된다.

1. 순수 실천 이성: 칸트의 경우

우리의 관심사인 합리성 개념의 규범적인 해석과 관련하여 우리는 우선 칸트의 도덕철학에서 실천 이성의 기능적인 자기분화에 대한 그의 전망을 반영하는 하나의 중요한 이론적 구별을 확인할 수 있다. 그것은 바로 실천 이성과 실천적인 합리성이 경험적으로 제약된 부분과 경험으로부터 독립된 순수한 부분으로 뚜렷이 분기되고 있다는 점인데, 주지하다시피 이 점은 칸트의 도덕철학을 특징짓는 가장 중요한 요소이기도 하다. 그에 따르면 경험적으로 제약된 실천 이성은 자연적인 경향성과 같은 외적인 요인들에 의해 규정되는 반면 순수한 실천 이성은 일체의 경험적인 조건들로부터 독립되어 있으며, 그런 의미에서 전적으로 자율적이다. 다시 말해 후자는 충동, 욕구, 습관, 격정, 쾌감 등과 같은 감성적 규정 근거에 기대지 않고서 자율적으로 행위를 선택하는 능력이다.>12

우리는 이와 같은 '칸트적' 술어들이 이미 도구적 합리성과 규범적 합리성의 명확한 구별을 함축하고 있음을 어렵지 않게 감지할 수

>12 칸트는 이와 같은 맥락에서 행복, 완전성, 도덕 감정, 신의(神意) 등에서 의지의 규정 근거를 찾는 것은 모두 타율이라고 선언한다. 이에 관해서는 I. Kant, *Kritik der praktischen Vernunft*, hrsg. von K. Vorländer, 9. Aufl., Felix Meiner Verlag, Hamburg 1929, 75~6면 참조. 앞으로는 이 저작을 *KpV*로 약칭함.

있다. 칸트에게 있어서 도덕적인 선이란 사전에 주어진 임의의 목적에 대한 행위, 대상, 상태, 사건, 능력 등등의 기능적인, 즉 기술적이거나 전략적이거나 실용적인 유용성을 의미하는 것이 아니다. 그와 같은 유용성은 모두 주어진 목적의 도덕성 여부에 따라 재평가되어야 할, 따라서 그 자체로는 도덕적으로 양가적인 것일 뿐이다. 그렇다면 단적으로 선한 것은 의지의 최고의 대상이나 목적에 있는 것이 아니라 단연코 선한 의지 그 자체에 있다고 해야 할 것이다.[>13] 여기에서 중요한 것은 규범적인 합리성, 즉 선한 의지의 작용으로 표출되는 실천적 합리성이 도구적인 합리성과는 본래적으로 무관한 것으로 이해되고 있다는 점이다.

> 선한 의지는 그것이 야기하거나 달성하는 것에 의해, 즉 미리 설정된 모종의 목적을 달성하는 데 그것이 쓸모가 있기 때문에 선한 것이 아니라 오직 의욕에 의해서만, 즉 그 자체로서 선하다.[>14]

그리고 이에 따라 "가령 다른 목적을 달성하기 위한 수단으로서가 아니라 그 자체로서 선한 의지를 끌어내는 것"[>15]이 실천 이성의 참된

>13 "이 세상 안에서건 이 세상 밖에서건 간에 무조건적으로 선하다고 생각될 수 있는 것은 오직 선한 의지밖에 없다."(*GMS*, 10면)

>14 *GMS*, 11면.

>15 *GMS*, 13~4면. 칸트는 손님을 정직하게 대하는 소매상을 예로 들며 설령 똑같이 정직의 의무를 지킨 행위라 하더라도 그 행위에서 그의 의지를 규정한 것이 모종의 이기적인 목적인가, 아니면 선한 의지 자체인가에 따라 "이기적인 의도로 한 행위(Handlung aus selbstsüchtiger Absicht)"와 "의무의식에서 우러나온 행위(Handlung aus Pflicht)"를, 요컨대 그 행위의 합법성(Legalität)과 도덕성(Moralität)을 구별할 수 있다고 주장한다. 이에 관해서는 *GMS*, 15면 참조.

사명으로 설정된다. 요컨대 칸트에게 있어서는 하사니와 고티에, 그리고 (『정의론』에서의)롤스가 옹호하고 있는 것과 같은 극대화와 일관성으로서의 도구적 합리성이 도덕성을 합리적으로 정당화하는 데 있어 아무런 긍정적 역할도 수행할 수가 없는 것이다. 하지만 그럼에도 도구적인 합리성과 도덕성을 연결하려고 하는 것은 그에 따르면 "덕의 면전에다 대고 우리를 덕과 연결시켜 주는 것은 덕 자체의 아름다움이 아니라 오직 덕이 가져다주는 이익뿐이라고 말하는"[>16] 것과 똑같은 것인데, 그는 유한한 이성적 존재자인 인간의 내부에서 시시각각으로 고개를 드는 그와 같은 경향성의 준동을 '자연적 변증론(natürliche Dialektik)' 이라고 부르며 폄하한다. 결국 칸트적인 기준에서 본다면 하사니와 고티에, 그리고 롤스의 시도들은 자연적 변증론의 일부에 불과한 것이다. 다시 말해 그것들은 "엄격한 의무의 법칙들에 대항하여 궤변을 늘어놓고, 그것들의 타당성을, 아니면 적어도 그것들의 순수함과 엄격함을 의심하며, 그것들을 가능한 한 우리의 원망(願望)과 경향성에 더 적합한 것으로 만들려는 성향"[>17]의 발로일 뿐인 것이다.

칸트는 이와 같은 도구적 합리성과 규범적 합리성의 근본적인 구별을 소위 가언명법(hypothetischer Imperativ)과 정언명법(kategorischer Imperativ)의 구별로 구체화한다. 그에 따르면 "가언명법은 가능한 행위의 실천적인 필연성을 우리가 원하는(혹은 어쨌든 원할 수 있는) 어떤 다른 것을 얻기 위한 수단으로서 제시"하는 반면에 "정언명법은 하나의 행위를 어떤 다른 목적과의 관련 없이 그 자체로

>16 *GMS*, 67~8면.

>17 *GMS*, 24면.

서, 즉 객관적으로 필연적인 것으로서 제시하는 명법이다."[18] 다시 말해 가언명법은 주어진 목적과 함께 비로소 시작되는 경험적 실천 이성의 도구적인 고려를 표현하는 명법이고, 정언명법은 반대로 그 어떤 외적 목적에 의해서도 규정되지 않는 순수한 실천 이성의 반성적인 숙고를 표현하는 명법인 것이다.

칸트는 우선 『도덕형이상학의 정초』에서 실천적인 합리성의 세 가지 유형들을 구별하는데, 이 유형들은 그 속에서 어떤 종류의 의지 규정이 관철되고 있는가에 따라 '기술적인 숙련의 명법(Imperativ der Geschicklichkeit)'과 '실용적인 영리함의 처방(Vorschrift der Klugheit)'과 '도덕성의 명법(Imperativ der Sittlichkeit)'으로 각각 명명된다.[19] 이로써 '나는 무엇을 해야만 하는가?'라는 실천적 근본 물음에 우리가 대답할 수 있는 세 가지 방식이 구별된 셈인데, 그 가운데 기술적인 숙련의 명법과 실용적인 영리함의 처방은 공히 주어진 목적을 달성할 수단들을 능숙히 조달할 것을 지시하는 가언적인 형식의 명법들이다. 그 둘은 단지 '임의의 목적'을 전제로 하는 전자를 후자가 공리주의적으로 구체화하고 있다는 점에서만, 즉 후자가 전자를 '행복의 원칙(Prinzip der Glückseligkeit)'으로 보완한 것이라는 점에서만 다를 뿐이다. 환언하면 후자는 인간의 자연적인 경향성에 의해서 주어진, 행복이라는 보다 구체적인 목적을 달성하기 위한 수단의 선택과 관련된 명법인 것이다. 그렇기 때문에 양자는 적용되는 범위만 다를 뿐 실질적으로는 거의 동일한 함의를 갖는 실용적 처방들이며, 그런 한에서 양자는 도구적인 합리성에 특유한 도덕적

>**18** *GMS*, 34면.

>**19** 이에 관해서는 *GMS*, 34~43면 참조.

맹목성을 공유할 수밖에 없다. 다시 말해 "목적이 이성적이며 선한가의 여부는 여기에서 전혀 문제가 되지 않는다. 문제가 되는 것은 오직 그 목적을 달성하기 위해 우리가 무엇을 해야만 하느냐 하는 것뿐이다."[20] 따라서 이러한 가언명법의 관점에서는 환자의 건강을 위한 의사의 처방과 살인을 위한 독살자의 처방이 똑같이 합리적인, 따라서 동등한 가치를 갖는 행위들로 취급될 수밖에 없다.[21]

이에 반해 도덕성의 명법은 '행복의 원칙'이 아닌 '도덕성의 원칙(Prinzip der Sittlichkeit)'에 기초한 명법이다. 따라서 그것은 도구적 합리성을 발호케 하는 일체의 질료적 규정 근거들과 무관하게 그 자체로 선한 의지의 입법 원칙을 제시하는 정언적인 형식의 명법이다. 칸트는 우리의 도덕성을 특징짓는 '단적으로 선한 것'의 개념으로부터 자기 이익이나 행복과 같은 일체의 질료적 규정 근거들을 배제해 나가다 보면 결국엔 도덕적인 의지의 유일한 규정 근거로서 준칙의 입법적인 형식만이 남게 된다고 주장한다.[22] 그러한 순수한 형식이 바로 정언명법인데, 칸트에 따르면 그것은 다음과 같은 기본적인 법식을 통해 우리의 준칙의 도덕성 여부를 객관적으로 판정하는 최고 기준의 역할을 수행한다고 한다.

> 네가 너의 준칙인 동시에 보편적인 법칙이 되기를 원할 수 있는 그러한 준칙에 따라서만 행위 하라.[23]

>20 *GMS*, 35면.

>21 이에 관해서는 같은 곳 참조.

>22 이에 관해서는 *KpV*, 31면 참조.

>23 *GMS*, 42면. 칸트는 도덕성의 원칙이라고 할 수 있는 정언명법의 이와 같은 기본적인 법식을 도덕적인 준칙의 '형식'과 '내용', 그리고 '완전한 규정'이라는 세 가지의 기준에 따라

이렇게 볼 때 정언명법으로 표현되는 도덕성은 오직 실천 이성의 자기입법(Selbstgesetzgebung)에만 근거하는 한에서 이성적이지 않은 것을 전혀 포함하지 않는 셈이며, 바로 그런 의미에서 우리는 "도덕성은 의지의 준칙을 매개로 한 행위와 의지의 자율, 즉 가능한 보편적 입법과의 관계"임을 확인할 수 있다. 우리는 이와 같은 순수 실천 이성의 자율을 칸트적인 규범적 합리성의 핵심으로 파악할 때에만 "의지의 자율과 양립할 수 있는 행위는 허용되고, 의지의 자율과 모순되는 행위는 금지된다"[>24]는 그의 말을 이해할 수 있다. 단적으로 말해서 "정언 명령이 명하는 것은 바로 이러한 자율 이상도 이하도 아닌"[>25] 것이다.

이와 같은 칸트의 규범적 합리성 개념은 일견 우리의 욕망에 대한 어떠한 고려도 내포하고 있지 않으며, 그런 한에서 완전히 무실(無實)한 개념인 것처럼 보인다. 그의 도덕철학에서 우리가 욕망을 가

이념은 동일하되 표현형이 각기 다른 다음의 세 가지 법식으로 나타낸다. 첫째, 도덕적인 준칙은 형식 면에서 보편화가 가능해야만 하는데, 이 기준은 "마치 너의 행위의 준칙이 너의 의지를 통해서 보편적인 자연법칙이 되어야 하는 것처럼 행위 하라"(*GMS*, 43면)라는 법식에 의해 충족된다. 둘째, 도덕적인 준칙은 내용 면에서 인격, 더 나아가서는 이성적 존재자 일반에 대한 존중을 목표로 해야만 한다. 왜냐하면 이성적 존재자는 "그것의 현존 자체가 하나의 절대적인 가치를 갖는, 따라서 목적 그 자체로서 특정한 법칙들의 근거가 될 수 있는 어떤 것"(*GMS*, 50면)이기 때문이다. 이 기준은 "너의 인격에 있어서건 모든 다른 사람의 인격에 있어서건 간에 인간성을 항상 동시에 목적으로서 사용하되 결코 단순한 수단으로서 사용하지는 않도록 행위 하라"(*GMS*, 52면)라는 법식에 의해 충족된다. 셋째, 도덕적인 준칙은 그와 같은 목적 자체로서의 인격들이 자기 입법적으로 구성할 수 있는 하나의 이상적 공동체에 대한 전망에 의해서 완전하게 규정될 수 있어야만 하는데, 이 기준은 "모든 준칙은 자기입법에 의해서 마치 자연의 왕국처럼 가능한 목적의 왕국에 부합되어야만 한다"(*GMS*, 60면)라는 법식에 의해 충족된다.

>24 *GMS*, 64면.

>25 *GMS*, 65면.

진 존재라는 사실은 오직 우리가 규범적으로 '충분히' 합리적이지 않아서 도덕적인 의무가 우리에게 명령의 형식으로 부과될 수밖에 없다는 점을 설명하기 위해서만 환기될 뿐이다. 그에게 있어서 인간은 감성계(Sinnenwelt)와 오성계(Verstandeswelt)라는 두 세계의 시민이다. 그러므로 인간은 의지와 덕의 완전한 일치를 구가할 수 있는 신과는 달리 이성적 존재자이긴 하되 순수하지는 않은, 따라서 때로는 욕망의 지배를 받기도 하는 유한한 이성적 존재자이다. 그러나 욕망과 같은 감성적 규정 근거는 단지 실천 이성을 수단화할 뿐이며, 그런 한에서 '나는 무엇을 해야만 하는가?' 라는 실천적 근본 물음에 대답하기 위한 궁극적 원리가 될 수 없다. 이렇게 볼 때 정언 명법은 결국 감성계와 오성계의 갈림길에 선 인간의 의지가 "질료적인(materiell) 경험적 동기"를 탈각함으로써 도달하게 되는 "형식적인(formell) 선험적 원칙"[26]인 셈이다. 이처럼 칸트적인 '실천 이성의 자율' 은 이기적인 욕망과 이타적인 욕망, 나의 욕망과 타인들의 욕망을 불문하고 일체의 욕망에 대한 고려를 도덕성의 개념으로부터 배제할 때에만 성립될 수 있는 어떤 것이다. 이는 단적으로 정언명령이 욕망을 '위한' 명령이 아니라는 것을 의미한다. 그리고 이 점은 '형식주의' 나 '엄숙주의' 와 같은 말들이 칸트적인 도덕철학의 패러다임에 대한 평가적인 성격의 술어로서 효력을 발휘해 왔던 배경이기도 하다.

하지만 분명한 것은 칸트의 정언명법이 규범윤리적인 원칙의 하나로서 제시된 것은 아니라는 점이다. 그것은 오트프리트 회페(Otfried Höffe)의 말대로 "모든 책무(Verbindlichkeit)의 최고 형식이

>**26** *GMS*, 18면.

자 실천적인 합리성의 완성 단계"[27]를 나타내는 어떤 것으로 이해되어야만 한다. 따라서 정언명법이 허용하거나 금지하는 것은 구체적인 개개의 '행위'나 그것의 '결과'가 아니라 준칙으로 표현된 행위 주체의 도덕적 '관점'이다. 다시 말해 정언명법에 의한 도덕적 판정을 기다려야만 하는 것은 가령 '거짓말'이라는 개별적 행위가 아니라 바로 '거짓 약속의 준칙'인 것이다. 따라서 정언명법으로 표현된 도덕성의 원칙은 "(계산법이 아니라) 측면적인 제한(side-constraint)이며, 결정을 (내려 주는 것이 아니라) 다만 인도할 수 있을 뿐이다."[28] 이렇게 볼 때 칸트의 도덕철학에 대한 근본적인 옹호나 비판은 그가 시도한 것이 바로 도덕성의 개념에 관한 '메타윤리적' 반성임을 인정하는 데에서부터 출발해야만 한다는 회페의 지적[29]은 타당한 점이 있다.

우리가 이로부터 유추할 수 있는 첫 번째 사실은 칸트가 가령 행복과 같은 행위의 결과나 목표에 대한 고려를 오직 도덕성의 정초(Grundlegung) 내지 근거지음(Begründung)의 차원에서만 배제한 것이라는 점이다. 우리는 분명 행복에 대한 욕망을 가진 존재이지만, 이를 시인한다고 해서 항상 우리가 그러한 욕망을 우리의 의지의 최종적인 규정 근거로 삼아야만 하는 것은 결코 아니다. 칸트는 그런 의미에서 이성적 존재자 일반이 도덕적일 수 있는 선험적 조건을 의

>**27** O. Höffe, *Immanuel Kant, 2.* Aufl., C. H. Beck, München 1988, 186면.

>**28** O. O' Neill, "Kantian ethics", in: P. Singer(ed.), *Companion to Ethics*, 182면. 오닐은 특히 이 논문에서 '본래의 칸트 윤리학(Kant' s ethics)'과 '속칭 칸트 윤리학('Kant' s ethics')'을 구별할 것을 제안하고 있는데, 이는 칸트의 도덕철학 전체를 '형식주의'나 '엄숙주의'와 같은 술어들로 예단하는 영미철학계의 일부 해석적 전통이 수많은 오해와 선입견의 온상이 되어 왔음을 감안할 때 매우 의미 있고 시사적인 제안이라 할 수 있다.

>**29** 이에 관해서는 O. Höffe, 앞의 책, 176면 참조.

지의 자율에 대한 전망 속에서 발견하는 것이 행위의 지침으로 직접 활용될 수 있는 목적론적 선을 제안하는 것보다 더 우선적인 과제라고 생각했던 것이다. 이는 곧 그의 도덕철학을 특징짓는 "목적론적인 표상으로부터의 결별"이 엄밀히 말하면 "보편주의적 윤리학이 스스로 설정한 방법적 자기제한">30이었음을 의미한다. 따라서 칸트적인 도덕성은 결코 우리에게 목적 없이 행위할 것을 요구하지도 않고 일체의 자연적 경향성을 내버린 금욕주의자가 될 것을 요구하지도 않는다. 오히려 그것은 이런저런 목적들과 경향성들이 그 어떤 이성적 여과도 없이 그 자체로서 우리가 도덕적으로 해야만 할 바를 결정하도록 내버려 둬선 안 된다고 말할 뿐이다.

우리가 이로부터 유추할 수 있는 두 번째 사실은 정언명법으로 표현된 도덕성이 준칙의 매개에 의해 '내용적인' 또는 '질료적인' 성격의 의무들로 얼마든지 표출될 수 있다는 점이다. 그런 의미에서 준칙의 매개는 칸트적인 도덕성의 구체성을 담보하기 위해 반드시 필요한 절차라 할 수 있다. 우리는 그러한 절차에 따라 가령 다른 사람들의 욕망을 공평히 배려하겠다는 준칙이나 다른 사람들을 결코 나의 사적인 욕망을 충족시키기 위한 수단으로 취급하지 않겠다는 준칙을 정언명법의 시험에 의거해서 보편적으로 요구되는 어떤 것, 즉 의무로서 합리적으로 승인할 수 있는 것이다. 실제로 칸트는 『도덕형이상학의 정초』에서 '우리 자신에 대한 의무'와 '타인들에 대한 의무', '완전한 의무'와 '불완전한 의무'를 구별하고, 이들의 조합으로 만들어진 네 가지 의무들의 행렬을 우리의 머릿속에 그려 보게 한 다음,

>30 이에 관해서는 임홍빈, 「도덕적 합리성의 유형에 관해」, 『철학과 현상학 연구』 제7권, 한국현상학회, 1993, 408면 참조.

각각의 의무와 관련하여 그와 같은 준칙의 매개가 이루어지는 구체적인 방식을 하나하나 예시하고 있다. 그에 따르면 우리에게는 가령 '우리 자신에 대한 완전한 의무' 인 '자살을 하지 말아야 할 의무' 와 '우리 자신에 대한 불완전한 의무' 인 '우리의 능력과 소질을 방기하지 말아야 할 의무' 가 있으며, 또한 '타인들에 대한 완전한 의무' 인 '거짓 약속을 하지 말아야 할 의무' 와 '타인들에 대한 불완전한 의무' 인 '그들의 궁핍에 무관심하지 말아야 할 의무' 가 있다고 한다.>31 더욱이 그는 도덕을 인간에게 적용하는 데에는 경험적인 인간학의 도움이 필요하다고 말함으로써>32 의무로 승인된 준칙을 인간의 구체적인 행위에 적용할 때에는 자연히 행위의 목표나 결과도 함께 고려할 수밖에 없음을 암시하고 있다. 그러한 고려는 어떤 의미에서는 단순히 허용되는 것이 아니라 규범적으로 합리적인 사람이 수행하는 반성적인 숙고의 완성을 위해 꼭 필요한 것이라고 말할 수 있다. 그렇다면 그것은 곧 "광범위한 의미에서의 전략적 합리성에 해당하는 가언명법과 정언명법의 매개에 의해서 한 특정한 행위의 동기 및 결과가 포괄적으로 반성될 수 있을 것">33이라는 장기적인 실천철학적 전망의 일부로 이해될 수도 있을 것이다.

이상의 간략한 검토에서 드러난 것처럼 칸트가 제시한 실천적 합리성의 개념은 우리들 각자의 사적인 욕망에 의해서 형성된 임의의 목적이 우리가 마땅히 해야만 할 바를 자동적으로 결정하거나 실천이성의 역할이 그와 같은 사적인 목적의 달성을 위한 도구적인 기능으로 한정되는 것을 허락하지 않는다. 그것은 오히려 우리에게 이성

>31 이에 관해서는 *GMS*, 43~5면과 52~3면 참조.

>32 이에 관해서는 *GMS*, 32면 참조.

>33 임홍빈, 앞의 책, 395면.

이라는 보편적 인간성의 상속분을 통해 우리들 각자의 사적인 개체성을 초월할 것을 요구한다. 다시 말해 그것은 정언명법이라는 보편화의 시험을 통해 "하나의 준칙 속에 설정된 주관적인 삶의 지평이 또한 객관적인 삶의 지평으로서도, 즉 개인들로 구성된 공동체의 이성적인 통일성으로서도 사유되고 의욕될 수 있는지의 여부를 검증">34 할 것을 요구한다. 이와 같은 순수 실천 이성의 자기입법은 결코 자의적이고 무도덕적인 주체의 환상을 표현하는 것이 아니라 오히려 타인들에게 접근하는 하나의 도덕적인 태도, 즉 타인들에 대한 공평한 배려와 인격성 자체에 대한 존중의 필연성을 함의하는 합리성의 규범적인 개념을 상징하는 것이다.>35 그러므로 그와 같은 의미에서 합리적인 사람은 분명 자신의 사적인 욕망 외의 그 어떤 것에서도 행위의 이유를 발견할 수 없는 유아론적 주체가 아니라 타인들과의 도덕적인 유대를 자각하고 이를 행위의 이유와 목적에 반영할 수 있는 상호적 주체일 것이다.

2. 진정성: 테일러의 경우

칸트에 이어 두 번째로 살펴볼 찰스 테일러는 서구적인 현대가 추구

>34 O. Höffe, *Immanuel Kant*, 189면.

>35 그러므로 칸트적인 자율의 개념하에서는 예컨대 "X가 나쁘거나 하찮은 것인 경우에도 자율적으로 X를 선택하는 것은 좋은 것인가?"라는, 혹은 "사람들이 자율적으로 악행을 하는 것과 비자율적으로 옳은 일을 하는 것 중에서 어느 쪽을 선택하는 것이 더 좋은가?"(G. Dworkin, "Autonomy", in: R. E. Goodin & P. Pettit(eds.), *A Companion to Contemporary Political Philosophy*, Basil Blackwell, Oxford 1993, 360면)라는 식의 양자택일적인 물음이 성립될 수 없다. 왜냐하면 그와 같은 물음은 오직 사적인 개인들의 무도덕적 자유라는 의미지평 위에서만 성립될 수 있는 것이기 때문이다.

해 온 도덕적 이상의 핵심이라 할 수 있는 '자율적 개인'의 개념을 재발견하여 거기에 내포된 표현주의적 개체성의 풍부한 함의를 창조적으로 복원하려고 노력해 온 철학자이다. 그와 같은 이상의 복원을 위한 단초로서 그는 이른바 '진정성(authenticity)'의 개념을 제시하는데, 그가 말한 진정성이란 단적으로 말해서 자신에 대한 현대인의 헌신과 성실성을 뜻한다. 그에 따르면 현대인에게 있어 "자기실현의 이면에 숨어 있는 도덕적 이상은 바로 자신에게 충실하라는 것이다."[>36] 다시 말해 현대인으로서의 나에게는 "인간으로 살아가는 나만의 특수한 방식이 존재"하는데, 이때 "나는 다른 누군가의 인생을 모방하지 않고 내 인생을 내 식대로 살아갈 것을 요구받는다"[>37]는 것이다.

이와 같은 진정성의 개념에는 명백히 자기실현에 있어서의 자기결정을 골자로 하는 개인의 자율에 대한 구상이 내포되어 있다. 그런 의미에서 "진정성은 그 자체가 일종의 자유의 이념"이며, 따라서 "그것은 외부의 어떤 것에 복종하라는 요구에 대항하여 내가 나의 인생계획을 스스로 발견해야 한다는 생각을 포함"[>38]하고 있는 것이다. 실제로 우리는 이른바 '좋은 삶'의 구체적인 요목들에 대한 결정을 자유롭고 독립적인 자기실현의 주체로 이해된 '자율적 개인'에게 내맡길 수밖에 없게 된 자유주의적 현대의 삶의 조건을 감안할 때 자아의 정체성은 이미 확정된 질서 안에서 '발견'되는 것이라기보다는 오히려 창조적으로 '모색'되고 '선택'되고 '구성'되는 어떤 것임을 어렵지 않게 인정할 수 있다. 테일러의 말대로 오늘날 우리는 "진정으로 중요하거나 가치 있는 것이 무엇인가에 관한 자기 나름대로의

>36 *EA*, 15면.

>37 *EA*, 28~9면.

>38 *EA*, 67~8면.

관념에 입각하여 자기 나름대로의 생활양식을 개발할 권리를 갖는다"는 점을 다행으로 여기는 것이 사실이다. 그렇기 때문에 우리는 "그와 같은 자기실현의 요소들을 각자가 결국 스스로 결정해야만" 하며, "다른 그 누구도 그 내용을 가르쳐 줄 수 없고, 또한 가르쳐 주려고 해서도 안 된다">39는 점을 대체로 인정하는 것도 사실이다. 문제는 이와 같은 진정성의 도덕적인 이상이 가령 자본주의 시장과 같은 자유주의적 시민사회의 유력한 실현태 속에서 개인주의의 원자론적인 왜곡과 자율성의 도구주의적인 타락에 의해 심각한 좌절의 위협에 직면해 왔다는 점이다.>40

테일러는 『진정성의 윤리』에서 이른바 '현대성의 세 가지 불안'에 대한 진단으로 그와 같은 위기의식을 표명하고 있다. 그에 따르면 서구의 현대성은 첫째, 원자론적인 개인주의를 만연케 함으로써 삶의 의미의 상실, 즉 도덕적인 지평들의 소멸에 대한 두려움을 초래했고, 둘째, 세계의 탈주술화(disenchantment)에 의해 도구적인 이성의 지배를 강화함으로써 삶의 궁극적인 목적에 대한 관심을 소외시켰으며, 셋째, 그와 같은 개인주의와 도구적인 이성의 결합이 초래한 정

>39 *EA*, 14면.

>40 테일러는 이른바 '계몽의 변증법'에 의해서 계몽된 상당수의 현대 철학자들과 마찬가지로 인간을 "이기적인 욕망의 주체"로 이해했던 "주류 계몽주의의 인간관"(Ch. Taylor, *Hegel and Modern Society*, Cambridge University Press, Cambridge 1980, 1면)과 그것의 역사적 실현태인 시장 질서의 원자론적 무정부성에 대해 매우 비판적이다. 그는 가령 '보이지 않는 손'의 피조물로 알려진 현대의 시장 질서가 이기주의적인 개체성을 초월할 수 있는 여지를 애초부터 허용하지 않는다고 주장한다. 그에 따르면 "시장의 질서는 집단적인 행위의 질서가 아니다. 왜냐하면 시장은 집단적인 행위의 부정이기 때문이다. … 애덤 스미스의 보이지 않는 손은 '타락한', 즉 전적으로 이기적인 행위자들의 틈바구니에서 발생하는 자생적인 질서이다. 그것은 … 적절한 집단적 행위의 규범적인 제 조건에 적합한 발견물이 아니다."(Ch. Taylor, *Modern Social Imaginaries*, Duke University Press, Durham 2004, 79면)

치적 획일주의의 영향으로 인간의 자유와 자결권을 위험에 빠뜨리는 등의 가공할 결과를 가져왔다고 한다.>41 요컨대 진정성이라는 현대인의 도덕적 이상은 전적으로 자기중심적인, 따라서 도덕적으로 맹목적인 "자기도취(narcissism)" 혹은 "자기열중(self-absorption)">42의 문화에 의해 심각히 왜곡되어 왔다는 것이다. 테일러는 이와 같은 맥락에서 이른바 '자율적인 개인'과 '원자화된 개인'을, 다시 말해 "도덕적인 이상"으로서의 개인주의와 "무도덕적인 현상"으로서의 개인주의를 구별하면서 후자를 "소위 이기주의와 유사한 어떤 것" 혹은 "아노미">43로 규정하고 있다. 이로써 우리는 진정성의 개념이 단순히 호모 에코노미쿠스의 자기 이익에 대한 욕망으로 환원될 수 있는 것이 아니라 오히려 그러한 욕망에 대한 반성적 평가를 전제로 하는, '좋은 삶'에 대한 모종의 규범적 전망을 함의하고 있음을 확인하게 된다. 하나의 도덕적인 이상으로서의 진정성 개념에 내포된 그와 같은 규범적 함의는 우리가 일상생활에서 흔히 사용하는 평가적 술어들의 의미론을 통해서도 확인될 수 있다.

> '보다 좋다'라는 말과 '보다 고상하다'라는 말이 우리가 우연히 욕망하거나 필요로 하게 된 것에 의해서 정의되지 않고 오히려 우리가 무엇을 욕망해야만 하는가에 관한 하나의 기준을 제공해 준다고 볼 때 도덕적인 이상이란 바로 그런 의미에서 무엇이 보다 좋은 또는 보다 고상한 생활양식인가에 관한 하나의 그림을 뜻한다.>44

>41 이에 관해서는 *EA*, 1~12면 참조.

>42 *EA*, 4면.

>43 *EA*, 125~6면(Note 17).

>44 *EA*, 16면.

테일러는 이미 「자아에 대한 책임」이라는 논문에서 우리의 욕망에 대하여 우리의 이성이 수행하는 그와 같은 반성적인 숙고의 구조를 인상적인 방식으로 상술한 바 있다. 그는 가령 '우리 집 애들은 과일보다 초콜릿을 더 긍정적으로 평가한다'라는 말이 하나의 공유될 수 있는 의미를 우리에게 전달해 주는 것처럼 우리의 모든 욕망이 어떤 의미에서는 가치 평가의 산물일 수 있음을 전제하면서 논의를 시작한다. 그러나 '우리 집 애들'의 욕망에 반영된 평가의 기준은 다시금 욕망일 뿐이다. 다시 말해 과일에 대한 '욕망'을 기각하도록 결정한 것은 초콜릿에 대한 '욕망'이다. 따라서 그러한 종류의 평가는 욕망의 질에 관한 합리적 반성에 의거한 평가라기보다는 오히려 이런저런 욕망들이 산출할 것으로 예상되는 쾌락의 양에 따라 충족의 우선순위를 결정하는 공리주의적 계산의 한 예를 보여 주는 것에 불과하다.

그런 관점에서 테일러는 욕망에 대한 우리의 평가가 질과 무관한(non-qualitative) 것인가, 아니면 질적인(qualitative) 것인가에 따라 그러한 평가를 '약한 평가(weak evaluation)'와 '강한 평가(strong evaluation)'로 나누고, 그러한 평가를 수행하는 주체를 동일한 기준에 따라 '단순한 계량을 수행하는 사람(simple weigher)'과 '강한 평가를 수행하는 사람(strong evaluator)'으로 나눈다.>45 그에 따르면 단순한 계량을 수행하는 사람은 어떤 욕망을 충족시켜야만 자신의 만족을 극대화할 수 있을 것인가를 전략적으로 면밀히 고려하는 사람인 반면, 강한 평가를 수행하는 사람은 한 걸음 더 나아가 자신의 생활양식이나 존재방식 자체를 반성적으로 검토하는 사람이다.

>45 이에 관해서는 Ch. Taylor, "Responsibility for Self", in: G. Watson(ed.), *Free Will*, 112면과 116면 참조.

> 단순한 계량을 수행하는 사람의 반성은 현존하는(de facto) 다수의 욕망들 자체에 의해서 구조화되는 반면에 강한 평가를 수행하는 사람은 그러한 욕망들 하나하나에 대하여 일정한 가치 평가를 내린다.>46

강한 평가를 수행하는 사람의 가치 평가는 이처럼 도구적인 성격의 권한이 아니며, 따라서 가령 선호들의 우선순위에 관한 결정과 같은 것을 의미하는 것이 아니다. 오히려 그것은 이런저런 욕망들이 행위의 이유와 목표를 결정하는 데 관여할 자격이 있는지의 여부를 심사하는 반성적인 숙고의 권한이다.

> 강한 평가를 수행하는 사람의 관점에서는 바람직한 것이 단순히 그가 욕망하는 것 또는 거기에다 결과에 대한 계산을 보탠 것에 의해서만 정의되지는 않는다. 그것은 또한 욕망을 고상하거나 저속한 것으로, 고결하거나 비천한 것으로 평가하는 질적인 규정에 의해 정의된다.>47

여기에서 중요한 것은 강한 평가를 수행할 수 있는 능력이 우리가 가진 반성적 자기평가능력의 핵심이라는 사실이다. 다시 말해 "우리는 진정한(authentic) 평가라고는 오직 질과 무관한 평가밖에 할 수 없는 그런 존재가 아니며", 따라서 "만약 욕망에 대한 평가가 우리의 자아 관념의 본질적인 요소라면, 문제가 되는 것은 바로 강한 평가이지 약한 평가는 아니라는">48 것이다. 그리고 우리는 바로 이 점을 우리의 실천 이성이 단순한 도구성으로 환원되지 않는 규범적 반성성의

>46 같은 책, 117면.
>47 같은 책, 116면.
>48 같은 곳.

차원과 관계한다고 말할 수 있는 이유로 받아들일 수 있을 것이다.

물론 테일러의 진정성 개념에 내포된 이와 같은 반성성은 우리의 자아를 형성하는 원천이 무엇인가에 관한 그의 공동체주의적 견해의 영향으로 실체적 인륜성의 색채를 어느 정도 띠고 있으며, 바로 그런 이유로 진정성의 이상에 내포된 규범적 합리성은 내면적인 도덕성의 형식으로 구현된 칸트적인 규범적 합리성과는 사뭇 다른 패러다임에 기초하고 있는 것처럼 보이는 것이 사실이다. 실제로 테일러는 소위 "의미의 지평들을 무너뜨리는 방식으로는 진정성이 옹호될 수 없다"[49]는 점을 여러 번 강조함으로써 우리의 규범적인 합리성이 오직 실체화된 인륜적 공동체들의 역사적이고 문화적인 변용들 안에서만 의미를 가질 수 있다는 뜻을 암시하고 있다. 이렇게 볼 때 진정성을 가진 개인, 즉 도덕적으로 자율적인 개인이 된다는 것은 곧 역사적인 의미의 지평을 향해 자신을 열어 놓고 그 안에서 다른 사람들과의 대화를 통해 자기를 정의해 나간다는 것에 다름 아닐 것이다. 왜냐하면 "그 누구도 자기정의(self-definition)에 필요한 언어들을 단독으로 습득할 수는 없기"[50] 때문이다. 이는 우리가 우리 자신의 정체성을 창조적으로 선택할 수 있는 고유한 권한의 소유자임을 뽐내기에 앞서 그러한 선택에 비로소 의미를 부여하는 인륜적 질서들이 우리의 삶의 해석학적인 배경으로서 우리의 의지와 무관하게 독립적으로 실재하고 있다는 사실을 먼저 인정해야만 한다는 것을 의미한다. 단적으로 말해서 "자유로운 개인 내지 자율적인 도덕적 행위자는 오직 일정한 유형의 문화 안에서만 그의 정체성을 획득하고 유지할

>49 *EA*, 38~9면.

>50 *EA*, 33면.

수 있다"[51]는 것이다.

그러나 테일러는 통속적인 공동체주의자들처럼 특정한 시간과 공간 속에서 특정한 방식으로 구현된 '기존 질서'로서의 공동체, 경화된 행위의 콘텍스트(context)로서의 공동체를 우리가 무조건 승인해야만 한다고 주장하지는 않는다. 그에 따르면 우리가 공통의 의미 지평을 필요로 한다는 것은 우리가 "하나의 공통된 정치사회에 소속해야만 한다"는, 혹은 "우리가 소속해 있는 정치사회를 진지하게 받아들여야만 한다"[52]는 것과는 분명히 다르다. 왜냐하면 현대인으로서의 우리는 "이미 그 자체의 표준적인 형상을 가지고 있는 사회 속에 태어난 존재"라기보다는 오히려 "자신의 사회적인 세계를 건설하는 계획자"[53]이기 때문이다. 이러한 주장은 필자가 보기에 어떠한 인륜적 공동체에서라도 그 공동체의 모든 제도화된 에토스는 도덕성의 관점에서 원칙적으로 재검토될 수 있어야만 한다는 뜻으로 이해될 수도 있다. 만약 그렇다면 이른바 의미의 지평에 대한 테일러의 강조는 자유주의와 양립 가능한 의미, 즉 우리가 우리의 의지와 행위를 통해 표출할 수 있는 도덕성의 무시간적인 배경으로서 인간 존재의 사회성을 승인해야만 한다는 정도의 의미를 갖는 것으로 재해석될 수도 있을 것이다.

어쨌든 테일러의 진정성은 이처럼 나의 내면에 있는 어떤 것이면

>51 Ch. Taylor, "Atomism", in: Ch. Taylor, *Philosophy and the Human Sciences: Philosophical Papers 2*, Cambridge University Press, Cambridge 1985, 205면.

>52 *EA*, 52면.

>53 Ch. Taylor, *Modern Social Imaginaries*, 80면. 계속해서 테일러는 "아리스토텔레스의 목적론이 격렬한 거부 반응을 불러일으켰던 이유들 중 하나는 그것이 때때로 우리 자신의 삶을 결정하고 우리 자신의 사회를 건설할 수 있는 우리의 자유를 잠재적으로 제한한다고 여겨진다는 점이었다"(같은 곳)고 말한다.

서 동시에 다른 사람들과의 지속적인 상호작용을 통해 형성되는 것인 한 그 가능 조건으로서 상호주관적인, 즉 사회적인 의미의 지평들을 필요로 한다. 그렇기 때문에 진정성의 개념에 내포된 주체의 자기준거(self-reference)는 단순히 나로부터 나를 도출하는 동어 반복적 선택이 아니라 오히려 역사적인 의미의 지평을 향한 나의 자유로운 자기투사(self-projection)로 이해되어야만 한다. 다시 말해 진정성은 확실히 '나의' 지향인 한에서 자기준거적인 것이지만, 그럼에도 "이는 … 나의 목표들이 나의 욕망이나 열망 너머에 있는 어떤 것을 물리치고 오직 나의 욕망이나 열망만을 표현하거나 만족시켜야만 한다는 뜻은 아니다." 왜냐하면 "나는 하느님이나 어떤 정치적인 대의 또는 지구를 돌보는 일에서 자기실현을 발견할 수 있으며", "우리는 바로 그와 같은 어떤 것, 즉 우리 또는 우리의 욕망과 무관하게 독자적인 의의를 갖는 어떤 것을 통해서만 진정한 자기실현을 발견할 것"[54]이기 때문이다.

> 자아 너머에서 흘러나오는 요구들을 배제하는 것은 바로 의미의 조건들을 은폐하는 것이며, 따라서 진부한 것들의 비위를 맞추는 일이다 … 그와 같은 자폐(self-immuring)는 자신의 의미를 스스로 박탈하는 처사이다. 다시 말해 그것은 [진정성이라는] 이상이 실현될 수 있는 조건을 파괴한다.[55]

이로써 우리는 진정성의 개념에 내포된 자율적 자기실현의 이상이 우리들 각자의 이기주의적 개체성에 대한 반성적 숙고를 요구하

[54] *EA*, 82면.

[55] *EA*, 40면.

는 이상이며, 따라서 규범적으로 합리적인 삶의 기반 위에서 자기를 실현할 것을 요구하는 이상임을 거듭 확인하게 되는 셈이다.

> 역사, 자연, 사회, 연대의 요구 등등을, 즉 내가 나 자신 안에서 발견하는 것 이외의 모든 것을 고려 대상에서 제외하는 것은 곧 나에게 중요할 수도 있는 것들 일체를 무시하는 것이다. 나는 오직 역사, 자연의 요구, 내 동포 인간들의 요구, 시민의 의무 또는 하느님이나 그와 동렬에 있는 어떤 다른 존재의 부르심 등이 결정적으로 중요시되는 어떤 세계 안에 존재할 때에만 진부하지 않은 나 자신의 정체성을 정의할 수 있다. 진정성은 자아 너머에서 흘러나오는 요구들의 적(敵)이 아니다. 그것은 오히려 그와 같은 요구들을 전제로 한다.[>56]

결론적으로 진정성을 가진 현대인이란 테일러에 따르면 단순한 원자론적 개인이 아니라 역사적인 의미의 지평 위에서 자신을 발견하고 그 지평이 자신에게 할당해 준 책임의 몫을 기꺼이 받아들이는 존재이다. 이처럼 진정성의 규범적인 차원, 즉 의미의 지평에의 개방성과 타자와의 대화를 통한 자기정의는 자아의 합리성을 저해하는 '외생적인' 장해물이 아니라 오히려 합리적인 자아의 '통합적인' 구성요소이다. 물론 테일러가 말하는 '의미의 지평'에 대해서는 다양한 해석의 가능성들이 열려 있다. 하지만 그럼에도 유사한 규범적 함의를 지닌 반성성을 공통분모로 하여 칸트적인 도덕성과 테일러의 진정성이라는 상이한 계통의 패러다임들을 합리성 개념의 규범적인 확장에 대한 전망하에 포섭하는 것은 어쩌면 내면적인 도덕성과 실체적인 인륜성의 매개에 대한 실천철학적 전망을 구체화하는 하나의

>56 *EA*, 40~1면.

의미 있는 방법일 수도 있을 것이다. 또한 우리가 '지금' 그리고 '여기에서' 필요로 하는 행위, 즉 "시장과 관료적인 국가가 거대한 원자론과 도구주의 쪽으로 터놓은 물꼬를 돌려놓기 위한 공동의 정치적인 행위">57 역시 그러한 포괄적 전망하에서만 시도될 수 있을 것이다.

3. 행위 능력: 센의 경우

우리의 욕망을 충족시키는 이성의 도구적 기능에 우리의 합리성의 핵심이 있다는 주장을 의심하는 사람이라면 아마도 누구나 소위 '주류'에 속하는 현대 경제학의 표준적인 주요 가정들이 인간이나 인간의 행위에 관하여 지나치게 편파적인 예단들을 우리에게 강요하고 있다고 생각할 수밖에 없을 것이다. 사실상 우리는 도구적인 합리성과 그것의 한 양태인 호모 에코노미쿠스의 경제적 합리성이 인간의 행위에 관한 설명과 예측의 가장 유력한 모델로 간주될 수 있는 근거가 무엇인지를 알지 못한다. 왜냐하면 행위자의 이기적인 동기를 합리성의 충분조건으로 간주하는 것이 과연 적실한 태도인지의 여부를 떠나서 이른바 '보편적인 이기심(universal selfishness)'이 가치중립적인 '실증' 경제학의 방법론적인 가정으로나마 타당한 것인지의 여부도 아직 검증된 것은 아니기 때문이다.

그럼에도 소위 '주류'에 속한 경제학자들 사이에서는 호모 에코노미쿠스의 인간학과 거기에서 파생된 합리성의 도구적인 개념이 마치 자명한 '공리'처럼 통용되면서 인간의 행위에 관한 사회과학적 담론의 공간을 상당 부분 선점하고 있는 것이 사실이다. 그들에게 있어서

>57 *EA*, 120면.

호모 에코노미쿠스로서의 인간은 결국 '개방적인(exoteric)' 논제가 아니라 '비의적인(esoteric)' 전제인 셈이다. 센은 『윤리학과 경제학』을 비롯한 일련의 저작들을 통해 그러한 호모 에코노미쿠스의 인간학과 거기에서 파생된 합리성의 도구적인 개념으로 인간과 인간 행위의 모든 측면을 남김없이 설명할 수는 없다는 점을 일관되게 역설해 온 경제학자이자 윤리학자이다.

『윤리학과 경제학』에서 그는 우선 경제학과 윤리학의 관련성을 강조하면서 그러한 관련성이 '본래적인' 것이라는 점에 특별히 주목하고 있다. 다시 말해 경제학은 발생적으로 '우리는 어떻게 살아야만 하는가?' 라는 포괄적인 윤리적 물음에 대응하는 하나의 방식으로서 탄생한 학문이며, 따라서 경제 행위에 대한 윤리적 고려는 경제학의 실증적인 본성에 외생적으로 부가된 규범주의적 윤색이 결코 아니라는 것이다.[58] 하지만 그럼에도 근대 이후에는 경제학에서 윤리적인 접근의 중요성이 현저히 약화되어 경제학은 오직 복잡한 수식들로 점철된 일종의 공학(engineering)으로만 진화해 왔다는 것이 경제학의 현대적 '주류' 에 대한 그의 진단이다.[59]

이와 같은 실증주의의 득세는 물론 특정한 방법론적 패러다임의 우연한 '창발' 에서 비롯된 현상이라기보다는 오히려 베버나 『계몽의 변증법』의 저자들이 간파했던 서구 문명사의 복잡다기한 흐름, 다시

>58 센은 이와 같은 경제학과 윤리학의 본래적인 관련성을 증명하기 위해 경제학이 본래는 이른바 '오이코노미아(oikonomia)', 즉 가정관리로서 명백히 아리스토텔레스적인 기원에서 유래한 학문이라는 사실과 근대 경제학의 선구자로 불리는 애덤 스미스의 경제학적 사유도 실제로는 그의 포괄적인 도덕철학적 기획의 일부분으로서 시도되었다는 사실을 환기하고 있다. 이에 관해서는 *EE*, 2~4면과 22~8면 참조.

>59 이에 관해서는 *EE*, 2~10면 참조.

말해 우리가 통상 '계몽'이라는 말로 뭉뚱그려 부르는 서구적 합리화 과정의 한 측면으로 이해될 수 있다. 그러나 실증주의가 표방하는 가치중립성은 이른바 실증경제학이 정교한 효용의 계산을 수행하게 되는 바로 그 순간부터 단순한 허구임이 드러날 수밖에 없다. 왜냐하면 그와 같은 계산은 엄밀히 말해서 일체의 가치 평가를 배제하는 것이라기보다는 오히려 질적으로 상이한 가치들의 다원적인 질서를 공리주의적으로 일원화하는 것이기 때문이다.

이와 같은 실증경제학의 환원주의는 수치로 정량화될 수 있는 효용이나 복지 수준의 극대화를 모든 행위자에게 주어진 목표로, 환언하면 일종의 도덕적인 소여로 간주하는 하나의 이론적인 '태도'이며, 그런 한에서 그것은 우리가 추구하는 가치의 다원성과 다양성을 묵살하는 하나의 '선입견'으로 이해될 수 있다. 센은 명백히 반(反)환원주의적인 어조로 이와 같은 종류의 문제의식을 표명하고 있다. 그에 따르면 "실제로 공리주의적인 접근에서는 (효용이 그런 것처럼) 온갖 선들이 하나의 동질적이고 기술적(記述的)인 크기로 환원될 뿐만 아니라 윤리적인 평가도 단순히 그러한 크기의 단조로운 변화로 나타난다."[60] 그로 하여금 이른바 '주류' 실증경제학에서 통용되고 있는 합리성의 도구적인 개념, 즉 자기 이익의 극대화와 선택의 내적인 일관성으로 정의된 합리성 개념을 비판적으로 검토하게 한 것은 결국 그와 같은 문제의식이었던 셈이다.

이제 도구적 합리성 개념의 비판에 착수한 그는 맨 먼저 선택의 내적인 일관성이 그 자체로 합리성의 충분조건이 될 수는 없다는 주장을 제기한다. '주어진' 목적과 '선택될' 수단의 체계적인 정합성은

>**60** *EE*, 61면.

전술한 것처럼 '목적'과 '수단'의 의미론적인 역학에 의해서 요구되는 것임에는 틀림없지만, 그렇다고 해서 목적 일반이 '주어진' 것으로, 즉 일체의 가치 평가를 불허하는 도덕적 소여로 간주될 수 있는 것은 결코 아니다. 왜냐하면 우리의 이성은 단순히 우리의 욕망에 의해서 이미 결정된 행위의 목적을 달성하기 위해 일관된 수단들을 준비하고 배치하는 기능에 불과한 것이 아니라 반성적인 숙고에 의해 그러한 목적 자체를 평가하고 그에 따라 대안적인 선택을 결행할 수도 있는 능력이기 때문이다. 따라서 우리는 주어진 목적에 따른 일관된 선택이 그 자체로 합리성의 요건을 충족시킨다고는 말할 수 없다. 우리가 일련의 일관된 준비 과정을 통해 완전범죄에 성공한 악한을 합리적인 사람으로 평가할 수 없는 것은 바로 그런 이유 때문이다. 또한 그것은 칸트가 가언명법의 관점에서는 환자의 건강을 위한 의사의 처방과 살인을 위한 독살자의 처방이 똑같이 합리적인, 따라서 동등한 가치를 갖는 행위들로 취급될 수밖에 없다고 말할 때[61] 의도했던 바이기도 하다. 요컨대 일관된 선택의 합리성 여부는 결코 일련의 선택들이 보여 주는 '내적인' 정합성(consistency)이나 이행성(transitivity) 여부만으로 결정되는 것이 아니다. 그것은 최종적으로는 목적의 정당성 여부에 따라 결정되는 것이다.

> 우리가 일련의 관찰된 선택들 속에서 발견하는 일관성은 그와 같은 선택들에 대한 해석에, 그리고 선택 자체에 대해서는 외적인 몇몇 특징들(예를 들면 우리의 선호, 목표, 가치, 동기 등의 성격)에 의존할 수밖에 없다.[62]

>61 이에 관해서는 *GMS*, 35면 참조.

>62 *EE*, 14면.

다음으로 센은 행위의 목적과 관련해서 자기 이익의 극대화를 모든 행위자의 의지에 '주어진' 것으로 간주해야 할 근거는 존재하지 않는다는 주장을 제기한다. 실제로 자기 이익의 극대화는 행위자가 자신의 다양한 선호와 가치관에 의거해서, 또는 그에 대한 반성적인 숙고의 결과에 의거해서 설정할 수 있는 다양한 목적들 가운데 하나일 뿐이다. 그런 점에서 극대화로서의 합리성 개념은 무엇보다도 가치의 다원성과 다양성에 관한 우리의 상식적 직관과 대립된다. 센은 자기 이익을 극대화하고자 하는 '욕망'과 행위의 '목적'의 직접적인 연결에 이의를 제기하는 하나의 물음, 즉 "다른 것은 다 제쳐 두고 왜 오직 자기 이익을 추구하는 것만이 유일하게 합리적이란 말인가?"라는 물음으로 그와 같은 문제의식을 집약하여 표현하고 있다. 나아가 그는 "자기 이익의 극대화에서 조금이라도 어긋나는 것을 비합리성의 증거로 간주한다는 것은 실제의 의사결정에서 윤리가 수행하는 역할을 부정한다는 뜻임에 틀림없다"[63]고 말하는데, 이로써 그는 윤리 혹은 도덕이 극대화로서의 합리성 개념에 의거해서 정당화될 수 있는 가능성을 원천적으로 부정하고 있는 셈이다.

실제로 그는 자신이 말하는 "윤리는 '윤리적 이기주의'로 알려진 특이한 도덕적 견해의 이런저런 변형을 말하는 것이 아니"[64]라고 말함으로써 윤리 혹은 도덕과 호모 에코노미쿠스의 도구적 합리성 사이에는 그 어떤 필연적 관련도 존재하지 않는다는 점을 분명히 밝히고 있다. 요컨대 그는 소위 '보편적인 이기심'을 사실로서도 당위로서도 인정하지 않고 있는 것이다. 그러므로 그에게 있어서 자기 이익

>63 *EE*, 15면.

>64 같은 곳.

을 극대화하기 위한 선택의 실효성을 어떻게 보장할 것인가 하는 문제는 윤리학의 고유한 문제가 아님은 물론이고 경제학의 본래적인 관심사도 아니다. 오히려 "진정한 문제는 동기의 다원성이 존재하는가, 아니면 자기 이익이 인간의 유일한 동인인가 하는 것이다."[>65]

이와 같은 센의 문제의식은 자연스럽게 욕망의 일차원성에 수렴되지 않는 합리성의 반성적인 차원에 관한 숙고로 이어진다. 우리는 실제로 우리 자신이 이익을 극대화하고자 하는 욕망만이 아니라 내면화된 의무의식이나 이타적인 헌신의 기쁨, 충성이나 선의, 이웃과의 공동체적인 결속감, 사회적인 규범과 제도 등에서도, 요컨대 도덕적이거나 인륜적인 요인들 속에서도 행위의 이유를 발견한다는 사실을 이미 알고 있다. 센의 말대로 이는 "인간이 자신의 복지를 추구하는 것 이외에도 다른 목표들과 가치들을 가질 수 있으며, 또한 일반적으로 갖고 있다"[>66]는 것을 증명해 주는 사례들이라 할 수 있다. 환원하면 그것은 이른바 '보편적인 이기심'의 명백한 반증 사례들인 것이다. 그는 이와 같은 관찰에 의거하여 이른바 '복지 측면(well-being aspect)'과 '행위 능력 측면(agency aspect)'으로 구성된 인간의 "본질적이고 환원 불가능한 '이중성'"[>67]을 정의하기에 이른다.

복지 측면은 사적인 이익 차원에서의 성취와 기회를 나타내는 반면에 행위 능

>65 *EE*, 19면.

>66 A. Sen, *Inequality Reexamined*, Harvard University Press, Cambridge 1995, 56면(앞으로는 이 저작을 *IR*로 약칭함). 나아가 센은 후생경제학자로서 그와 같은 목적과 관심의 다원성을 감안할 때 사회적인 불평등에 대한 평가도 사람들이 가진 목적과 관심에 따라 달라질 수밖에 없다고 주장한다. 이에 관해서는 *IR*, 71면 참조.

>67 *EE*, 41면.

> 력 측면은 거기에서 한걸음 더 나아가 성취와 기회를 다른 목표들과 가치들의 관점에서도 검토하는데, 그런 관점은 개인의 복지 추구보다 차원이 훨씬 더 높은 것일 수도 있다.>68

다시 말해 복지 측면이 자기 이익의 극대화를 꾀하는 사람들이 행위의 동기를 부여받는 방식을 나타내는 것이라면, 행위 능력 측면은 이기적인 동기에 얽매임이 없이 자발적으로, 그리고 다양한 방식으로 "목표, 책무, 가치 등을 생각해 낼 수 있는 인간의 능력"을 나타내는 것이며, 따라서 그것은 결국 "자신의 복지로 환원될 수 없는 — 혹은 적어도 완전히 환원되지는 않는 — 고려사항들을 따를 수 있는">69 인간의 능력을 나타내는 셈이다.

여기에서 중요한 것은 이와 같은 합리성의 두 측면이 상호 간에 환원 불가능한(irreducible) 것으로 이해되고 있다는 점이다. 다시 말해 "이 두 측면을 억지로 일치시키기 위해 인간을 둘 중 어느 한 차원으로 환원할 수는 없다">70는 것이다. 이는 곧 우리의 행위 능력 측면이 합리성의 개념을 정의하는 데 있어서 우리의 복지 측면 못지않게 중요한 하나의 독립적 계기로 인식되어야 하며, 따라서 그것을 단순히 복지의 향상에 기여하는 도구적 기능으로 이해해선 안 된다는 것을 의미한다.

센은 바로 그런 의미에서 "행위 능력은 (복지의 추구를 위한 도구로서만이 아니라 본래적으로도) 중요한 것으로 생각될 수 있다">71고

>68 *EE*, 58~9면.

>69 *EE*, 41면.

>70 *IR*, 56면.

>71 *EE*, 42면.

말한다. 우리의 행위 능력은 결국 그것이 우리의 복지 수준에 미치는 효과와 무관하게 독자적으로 행위의 이유를 발견할 수 있는 능력인 셈이다. 그렇기 때문에 "인간의 행위 능력 면에서의 성취란 곧 그가 추구해야만 할 이유가 있는 목표들과 가치들의 실현을 지칭"하는 것이지만, 이때 "그러한 목표들과 가치들이 그 자신의 복지와 관련이 있는지의 여부는 중요치 않다.">72 다시 말해 "행위 능력 면에서의 성취로 인해 간접적으로 복지 향상 효과가 나타날 수는 있지만, 꼭 그러한 효과가 있어야만 행위 능력 면에서의 성취가 그 중요성을 인정받는 것은 아니">73라는 것이다. 심지어는 행위 능력 면에서의 성취가 행위자의 복지를 저해하는 경우에도, 다시 말해 "행위 능력 면에서의 자유의 증대(즉 도모해야만 할 이유가 있는 목표들을 도모할 수 있는 능력의 증진)가 복지 면에서의 자유의 축소로(그리고 이에 따라 기존 복지 수준의 하락으로) 이어질 수 있다">74고 해도 우리의 행위 능력은 도구성으로 환원되지 않는 이성의 반성성의 일부로서 그 독자적인 가치를 잃지 않는다. 단적으로 말해서 "행위 능력은 그 자체로 중요하며, 따라서 자기 이익의 추구로 간단히 환원될 수 없는">75 어떤 것이다.

센의 이와 같은 행위 능력 개념은 분명 우리의 이성이 수행하는 반성적인 숙고의 구조를 보여 주는 하나의 모델이 될 수 있다. 물론 그것은 칸트의 순수한 실천 이성이나 테일러의 진정성과는 사뭇 다른 이론적 동기에서 구상된 개념이다. 다시 말해 그것은 모든 목적론

>72 *IR*, 56면.

>73 *EE*, 43면.

>74 *IR*, 59~60면.

>75 *EE*, 55면.

적 표상들과의 결별에 의해서 비로소 개시되는 내면적 도덕성의 차원을 나타내는 개념도 아니고, 또한 역사적인 의미의 지평에 밀착되어 있는 사회적 자아의 특성을 나타내는 개념도 아니다. 오히려 행위 능력은 그와 같은 도덕적 자아나 인륜적인 주체의 개념을 가능한 계기들로서 모두 포괄하는 하나의 광범위한 자발성으로 이해될 수 있다. 다시 말해 행위 능력은 행위의 목표와 이유를 설정함에 있어서 '자기 이익의 극대화'와 같은 공리주의적 제한을 벗어날 수 있도록 해 줄 포괄적인 선택의 자유를 나타내는 개념이다. 그렇기 때문에 그것은 가령 타인들에 대한 공평한 배려의 책임과 같은 것을 하나의 도덕적인 의무로서, 또는 하나의 인륜적인 규범으로서 행위자 자신에게 '필연적으로' 부과하는 능력이라기보다는 오히려 그와 같은 책임을 선택의 자유가 허용하는 도덕적 개방성의 한 계기로서 포함할 수 있는 능력인 것이다. 그러나 이와 같은 차이에도 불구하고 센의 행위 능력 개념은 도구적 합리성의 도덕적인 월권을 견제하려는 목적으로 구상된 개념이라는 점에서 자기 이익의 극대화와 이를 위한 선택의 내적인 일관성이 합리성 자체와 동일시될 수는 없다는 점을 보여 줄 수 있는 하나의 유력한 모델임에는 틀림이 없으며, 그런 한에서 그것은 도구성으로 환원될 수 없는 합리성의 규범적인 의의를 보여 주기에는 부족함이 없어 보인다.

지금까지 살펴본 칸트, 테일러, 센 등은 시대적으로, 그리고 계통적으로 배경을 달리하는 철학자들이지만, 그럼에도 그들 사이에는 적어도 한 가지 점, 즉 우리의 이성이 정교하고 세련된 타산의 능력으로만 정의될 수는 없다는 점에 관하여 초시대적이고 초계통적인 합의가 형성되어 있다. 우리의 '합리성'이 '도구성'으로만 정의될 수 없는 가장 근본적인 이유는 어쩌면 그들 모두가 동의할 것으로 예상되는 또 하나의 사실, 즉 '인간'이 이기적인 '욕망'으로 환원될 수 없는 복잡하고 다차원적인 존재라는 사실에서 찾을 수 있는 것인지도 모른다. 필자는 여기에서 가령 생물학적인 아프리오리로서의 '욕구'와 죄 많은 인간을 집어삼키는 늪으로서의 '욕망'을 이분법적으로 구별하는 것이 꼭 필요하다고 생각하지는 않는다. 중요한 것은 내가 본래적으로 많이, 즉 필요 이상으로 원하는가, 아니면 조금만, 즉 꼭 필요한 만큼만 원하는가 하는 문제가 아니라 오직 나의 욕망(욕구)만이 중요하다고 말할 수는 없는 상황이 내 눈앞에 닥쳤을 때 내가 가진 욕망(욕구)의 합리성을 놓고 나 자신을 심문할 수 있는 자기반성의 법정이 인격성의 통합적인 요소들 중 하나로서 나의 내면에 존재하는가 하는 문제이다. 그와 같은 상황에서 모든 인간은 항상 자기이익의 극대화를 최우선의 목표로 삼는다고 주장하는 사람들이 예상할 수 있는 바와는 달리 '나'가 아닌 다른 것에 우선순위를 매기는 사람들을 우리는 주변에서 어렵지 않게 찾아볼 수 있다. 그리고 그들은 '인간'이다.

물론 '인간'이 '호모 에코노미쿠스'로 환원될 수 없다고 말하는 것은 가령 도덕적으로 타락한 인간이 회복해야 할 '본래적 선'이나 자신의 선한 본질로부터 소외된 인간이 돌아가야 할 '고향'과 같은 것이 인간학적인 상수(常數)로서, 혹은 유토피아주의적인 목표로서 우리 앞에 주어져 있다고 주장하는 것이 결코 아니다. 그와 같은 주장은 아마도 '계몽의 변증법'에 의해서 계몽된 이들이 경계해야 할 '성공형이상학'>76의 표본일 것이다. 피와 살을 가진 현실의 인간은

>76 '성공형이상학(Erfolgsmetaphysik)'은 현대 기술공학의 파국적인 잠재력에 대한 윤리적

그 자신에 관한 어떠한 밑그림이나 청사진도 허용하지 않는다. 오히려 우리는 간단없이 계속되어 온 인간의 삶의 역사를 인간의 역동적인 자기해석의 역사로 이해해야만 하며, 이를 통해 인간 존재의 심연에 있는 무(無)와 불확정성을 보다 깊이 있게 이해하려고 노력해야만 한다.

인간은 그런 의미에서 헬무트 플레스너(Helmuth Plessner)의 말대로 '숨어 있는 인간(homo absconditus)' 일 것이다. 다시 말해 인간은 모든 한계 설정과 정의(定義)를 거부하는 존재이며, 따라서 불안정하고 개방적인 자신의 가능성들의 틈바구니에서 선택으로 끊임없이 자신을 초월해야만 하는 존재일 것이다.>77 그런 점에서 인간에 관한 모든 일차원적이고 환원주의적인 규정들은 인간이라는 존재론적 심연 앞에서 단지 얄팍한 인식론적 자만을 드러낼 뿐이다. 만약 우리가 그런 이유에서 선의와 자애로 충만한 '본래적 인간' 을 하나의 독단으로 간주할 수 있다면, 호모 에코노미쿠스로 정의된 '합리적 개인' 역시 같은 이유에서 인간의 역사적인 자기해석과 실천을 선점해 버린 인간학적 독단으로 간주되어야 할 것이다. 그리고 현재로서는 아마도 그러한 점, 즉 우리의 이성이 단순히 우리의 이기적인 욕망에

대응으로서 인류와 세계의 현존에 대한 책임을 역설했던 독일의 철학자 한스 요나스(Hans Jonas)가 통속화된 헤겔의 역사변증법에서 전형적으로 나타나는 종말론적이고 낙관적인 유토피아주의를 지칭하기 위해 사용했던 표현이다. 그에 따르면 이와 같은 유토피아주의는 인류와 세계의 현존에 대한 '책임' 을 담보하는 것이라기보다는 오히려 인류와 세계의 미래에 대한 근거 없는 '희망' 을 표명하는 것일 뿐이다. 다시 말해 그것은 "길을 잘못 드는 법이 없는 존재의 보증된 성공담"(H. Jonas, *Materie, Geist und Schöpfung: Kosmologischer Befund und kosmogonische Vermutung*, Suhrkamp Verlag, Frankfurt am Main 1988, 54면)에 불과하다는 것이다.

>77 H. Plessner, "Homo absconditus", in: Helmuth Plessner Schriften VIII, Suhrkamp Verlag, Frankfurt am Main 1983, 353~66면 참조.

봉사하는 기능은 아니라는 점이 우리가 우리 자신의 합리성에 관해 말할 수 있는 최소한도의 진실일 것이다.

VI

맺는 말

필자는 지금까지 도구적 합리성의 의의와 한계를 동시에 밝혀 줄 규범적 합리성 개념을 얻기 위해 도구적 합리성이라는 우회로를 꽤 오랫동안 살피며 걸어왔다. 이제 필자는 도구적 합리성이 지닌 타당성의 한계에 대한 지금까지의 검토를 정리한 다음, 이를 토대로 도구적 합리성의 가장 직접적이고 명시적인 실현태인 경제 행위의 규범적인 문제들을 다시 환기해 보고자 한다. 이를 통해 필자는 모든 경제 행위의 실체적인 목적이라 할 수 있는 자기 이익의 극대화가 합리적으로 허용될 수 있는, 더 나아가서는 합리적으로 요구될 수 있는 조건이 바로 합리성의 규범적인 개념 속에서 발견된다는 점을 보여 줄 것이다.

필자는 III장에서 하사니, 고티에 및 롤스의 도덕철학을 중심으로 도구적 합리성에 의거한 도덕성의 정당화 논변들을 하나하나 검토한 다음 IV장에서 그러한 논변들이 필연적으로 직면하게 되는 자기모순을 지적했었는데, 그 요지는 도덕성이 도구적인 합리성의 부분집합이라는 것을 그러한 논변들이 결정적으로 증명할 수 없다는 것이었다. 필자가 지적했던 것처럼 일관된 도구적 이성은 결국 무임승차자들의 암약을 '합리적으로' 허용할 수밖에 없으며, 따라서 도덕성의 합리적인 정당화를 위한 최후의 관건인 '준수의 합리성'을 증명할 수 없다. 예컨대 고티에는 "이익의 추구에 대한 합리적 제한 그 자체는 바로 그것이 제한하는 이익에 그 토대를 두고 있다"[>1]고 선언했지만, 궁극적으로는 바로 그 이익이 합리적인 제한을 도리어 무력화할 수도 있다는 점에 대해 납득할 만한 해명을 제공하지 못하고 있다. 다시 말해 그는 "처음에는 합의를 성립시켰던 부단한 자기 이익의 추구가 바로 그 합의를 서서히 무너뜨리는 역할을 할 수도 있다"[>2]는 반론에 합리적으로 대처할 수가 없는 것이다.

하사니와 롤스의 경우에는 '준수의 합리성'에 관한 논증이 이보다 훨씬 더 취약하다. 왜냐하면 그들은 '준수의 합리성'에 관한 문제를 무지의 장막이나 동일 확률 가정에 의해서 전제된 초기적 도덕성으로 해소해 버리고 있지만, 그와 같은 초기적 도덕성은 도구적 합리성에 대해 외생적인, 따라서 일관된 합리적 선택 이론의 관점에서 보면 전혀 합리적이지 않은 이상적 선택 상황의 '설정'일 뿐이기 때문이다. 회페는 효용의 계산(Nutzenkalkulation)으로 정의된 합리성 개념을 비판적으로 분석한 한 논문에서 이 점을 잘 지적하고 있다. 그는 롤스의 정의론의 모든 것이 무지의 장막에 관한 가정에 의존하고 있는 한 다음과 같은 귀결이 불가피하다고 본다.

> 무지의 장막이 걷히고 각각의 개인이나 계급 또는 계층이 처해 있는 특수한 조건들이 알려지는 즉시 정의의 원칙들이 아니라 해당 개인이나 계급 또는 계층에게 유리한 원칙들이 선택될 것이다.[>3]

>1 *MA*, 2면.

>2 R. Trigg, *Ideas of Human Nature: An Historical Introduction*, Basil Blackwell, Oxford 1988, 68면.

단적으로 말해서 우리는 도구적인 의미에서 일관되게 합리적인 어떤 사람과 홉스 식의 사회계약을 체결할 수는 있어도 그로 하여금 반드시 그것을 준수하게 만들 수는 없다. 보다 현실적인 맥락으로 이 문제를 옮겨다 놓아도 사정은 마찬가지이다. 예컨대 현대의 생태학적인 위기나 핵전쟁의 위험을 극복하기 위한 새로운 거시윤리(Makro-Ethik)의 가능성을 모색해 온 아펠은 자국의 이익을 극대화하고자 하는 세계 각국의 대표들이 인류의 생존 조건을 마련한다는 공동의 목적하에서 지구적인 차원의 어떤 합의문이나 공동 행동을 채택할 수 있다는 점을 인정하면서도 그러한 협력적 극대화 게임의 맥락 속에서 형성된 합의는 견고한 토대를 가질 수 없다고 주장한다. 왜냐하면 장기적인 안목으로 면밀한 국익 계산을 수행하는 전략적 합리성은 그 자체로는 결코 부유한 선진 산업 국가들로 하여금 그들의 연간 에너지 소비량이나 군비를 자발적으로 축소하게 할 지속적인 유인을 제공할 수 없기 때문이다. 우리가 알고 있는 실제의 환경 협약이나 평화 협정은 생태학적인 균형이나 인류의 평화공존과 같은 '규제적 이념'에 의해서 유지되는 것이 아니라 오직 '죽음에 대한 공포'에 의해서만 유지된다. 따라서 환경 파괴로 제3세계 인민들의 생존을 위협

>3 O. Höffe, "Sittlichkeit als Rationalität des Handelns?", in: H. Schnädelbach(Hrsg.), *Rationalität: Philosophische Beiträge*, 166면. 회페는 나아가 무지의 장막과 같은 가언적 선택 상황이 합리적 선택 이론의 일관성을 훼손할 뿐만 아니라 도덕성 개념의 왜곡까지 초래한다고 주장한다. 왜냐하면 그와 같은 선택 상황에서는 자연적인 이기심의 극복이라는 '실천적' 계기가 단순히 '이론적'으로, 즉 지식의 결여로 정의될 수밖에 없으며, 따라서 도덕성은 자기 자신에 관해 아는 바가 전혀 없는 사람의 이기심에 불과한 것이 될 수밖에 없기 때문이다. 이렇게 볼 때 롤스가 도덕성의 가능 조건으로 설정한 무지의 장막은 결국 그의 의도와는 달리 합리적 선택 이론과 도덕 이론 모두를 훼손하는 '양날의 칼'이 되어 버린 셈이다. 이에 관해서는 같은 책, 167~8면 참조.

하거나 경쟁국들과의 군사적인 균형을 깨뜨려서라도 초강대국의 지위와 그에 수반되는 자기 이익을 누릴 수 있으리라는 전망이 있는 한, 세계열강은 언제라도 '합리적인 이반'을 감행할 것이다.>4 이처럼 도구적인 합리성의 관점에서는 처음에는 합리적인 것으로 보이던 도덕성도 어느 순간 비합리적인 것으로 바뀔 수 있으며, 마찬가지로 처음에는 비합리적인 것으로 여겨졌던 탈도덕적 이반도 어느 순간 합리적인 것으로 바뀔 수 있는 것이다. 그리고 이와 같은 합리성과 비합리성의 상호 전이는 다름 아닌 도구적 합리성 자체의 일관된 적용에 의해서 발생하는 '내재적' 사태이다.

도구적 합리성이 노정하는 이와 같은 개념적 자기모순을 감안할 때 우리는 '도구성'으로 환원되지 않는 우리의 이성의 기능에 주목하지 않는 한 '왜 우리는 도덕적이어야 하는가?'라는 물음에 대답할 방법을 찾기는 어렵다는 사실을 깨닫게 된다. 우리의 이성은 존재하는 것으로 지각된 임의의 욕망을 무조건적으로, 그리고 직접적으로 충족시키는 데에 기여하는 기능에 불과한 것이 아니라 그러한 욕망이 아무런 여과도 없이 행위의 목적으로 전환되어도 좋은지의 여부를 반성적으로 검토하는 기능이기도 하다. 그리고 이와 같은 이성의 '반성성'은 필자가 V장에서 예시했던 합리성의 규범적인 개념들을 성립시키는 가장 중요한 조건이다. 도구적 합리성 개념의 결정적인 문제점은 바로 합리성을 오직 수단의 합목적성으로만 간주한다는 데 있다. 그렇기 때문에 도구적 합리성은 규범적 합리성과는 달리 우리가 추구하고 있는 것이 과연 가치 있는 목적인지의 여부에 대해서는

>4 이에 관해서는 K.-O. Apel, "Lässt sich ethische Vernunft von strategischer Zweckrationalität unterscheiden? Zum Problem der Rationalität sozialer Kommunikation und Interaktion", 28~30면 참조.

전적으로 무관심한 것처럼 보인다. 그러나 도구적 합리성에 의해 표방된 그러한 가치중립성은 실제로는 일종의 도덕적인 선취를 표현하는 것일 수도 있다. 왜냐하면 도구적 합리성은 모든 목적을 '주어진' 것, 즉 합리적으로 정당화할 필요가 없는 것으로 간주함으로써 가령 '자기 이익의 극대화' 처럼 가장 강력하고 직접적인 욕망의 발로로서 설정된 목적을 그 자체로서 '승인' 하게 되기 때문이다. 하지만 만약 이처럼 도구적 합리성이 특정한 종류의 목적을 도덕적으로 선취한 합리성이라면, 우리는 그러한 합리성을 도덕성의 기초로 삼을 수 없다는 점은 차치하고라도 그것을 우리가 가진 동기와 목적의 다원성에 상응하는 온전하고 포괄적인 합리성의 모델로 간주할 수 없을 것이다. 왜냐하면 회페의 말대로 "주어진 목적에 종속된 합리성은 실증주의적으로 반감된(positivistisch halbiert) 합리성"이기 때문이다. 하지만 무엇보다도 중요한 것은 그러한 "목적합리성[우리의 맥락에 맞는 술어로 바꾸자면 도구적 합리성]이 실천 이성을 밀쳐놓을 수 있을지는 몰라도 그것을 아주 없앨 수는 없다"[>5]는 점이다.

물론 필자는 V장에서 분석했던 칸트, 테일러, 그리고 센의 이론 중 어느 하나가, 혹은 그 세 이론의 어떤 조합이 유일하게 타당한 실천적 합리성의 패러다임을 제공할 수 있다고 주장할 생각이 전혀 없다. 다만 필자는 그들이 우리의 이성이 수행하는 반성적인 숙고의 규범적인 의의를 제각기 상이한 방식으로 예증함으로써 가령 타인들의 욕망에 대한 공평한 배려나 타인들의 인격성 자체에 대한 존중처럼 도구적 합리성만으로는 수용할 수 없는 규범적 요구들을 우리들 각자의 이익에 미칠 그것들의 영향과 무관하게 합리적인 요구들로서

>5 O. Höffe, 앞의 책, 149면.

인식할 수 있는 그들 나름대로의 틀을 제공하고 있다는 점만을 지적하고자 했던 것이다.

이제 필자는 우리의 현실 속에서 그와 같은 규범적 합리성을 도구적 합리성과 구체적으로 매개할 수 있는 몇 가지 방식을 제안해 보고자 한다. 이는 곧 이 글 전체의 논지를 현상학적으로 재서술하는 하나의 방법이 될 것이다. 역설적이게도 우리의 규범적 합리성은 가치중립적인 목적합리성으로 이해된 도구적 합리성과의 적극적인 매개를 필요로 한다. 왜냐하면 도구적 합리성은 비록 도덕성의 기초가 될 수는 없지만, 그럼에도 도덕성의 현실화를 위한 전략의 지도 원리로서 도덕성과 긴밀히 연결될 수 있으며, 또한 연결되어야만 하기 때문이다. 예컨대 우리는 '공평성' 과 '비도구성' 에 대한 도덕적 요구들을 가능한 한 우리의 구체적인 사회 현실 속에서 효과적으로 구현해야만 하며, 따라서 이러한 당위 자체를 우리의 '전략적인 목표' 로 설정해야만 한다. 그런 다음에는 우리의 도구적 합리성이 그러한 도덕적 요구들을 우리가 처해 있는 상황들과 조건들의 우연성과 매개하거나 그러한 요구들이 관철될 수 있는 적절한 조건들을 구현하기 위한 '전술적인 수단' 을 구상해야만 한다.

그러나 이 경우에도 변하지 않는 중요한 점은 바로 도구적 합리성의 활동 공간이 규범적 합리성에 의해 제약되어야만 한다는 점이다. 여기에서 필자는 도구적 합리성의 가장 특징적이고도 유력한 실현태인 우리의 경제 행위를 논의의 실마리로 삼아 그 두 종류의 합리성이 매개될 수 있는 가능성을 타진해 보려고 한다. 필자가 보기에 자기 이익의 극대화와 이를 위한 선택의 내적인 일관성으로 정의된 경제적 합리성은 적어도 두 측면에서 규범적인 조건을 필요로 한다.

첫째, 자기 이익을 극대화하고자 하는 사람은 그러한 목표가 과연 추구할 만하며 행위의 한 이유로서 정당한지의 여부를 결정하기 위해 규범적 합리성이라는 기준을 필요로 한다. 왜냐하면 도구성으로 환원되지 않는 우리의 이성은 우리의 욕망과 타인들의 욕망을 공평히 배려할 것을 요구하기 때문이다. 이는 가령 경제 행위의 본래적인 영역인 자본주의적 시장에서조차 이기심의 관할권이 절대적인 것으로서 관철될 수는 없다는 것을 의미한다. 우리는 자기 이익과 상호 이익의 조화를 보장하기 위해 자기 이익의 추구를 부분적으로 제한하는 시장의 규칙들을 마련함으로써 소위 '자연 상태'와 같은 홉스의 바보들의 사회가 도래하는 것을 막아야만 한다. 특히 오늘날처럼 세계화된 경제의 동역학이 적나라한 힘의 논리로 나타나고 있는 상황에서는 이기적인 개인들 사이의 경쟁을 제도화된 공정성의 규칙으로 조정하는 것이야말로 부와 권력의 극단적인 비대칭을 피할 수 있는 가장 합리적인 방책일 것이다. 더욱이 그와 같은 규칙에 대한 민주주의적 합의는 자유롭고 평등한 시민들의 상호 인정을 원칙적으로 전제한다는 점에서 이미 그 자체로 규범적 합리성의 한 계기를 내포한다. 이와 같이 자기 이익의 극대화를 추구하는 우리의 경제 행위는 '시장 윤리'라고 부를 만한 것의 매개로 우리의 이성이 부과하는 규범적 조건들을 만족시킬 때에야 비로소 온전히 합리적인 것으로 승인될 수 있다. 시장 윤리는 이기적인 개인들 사이의 경쟁을 규제하는 일종의 '최소 도덕'으로서 모두의 공멸을 초래할 약육강식의 자연 상태를 예방하는 '경제의 정치' 역할을 수행할 수 있다. 이에 따라 이해 당사자들 간의 명시적이거나 암묵적인 합의를 무효화하는, 즉 공정한 게임의 규칙에 위배되는 불공정 거래 행위의 모든 사례들, 이를테면 독과점, 구매자들이나 판매자들끼리의 담합, 불공평한 임금과 노동 시간, 불공정한 가격, 고용 차별 등등이 시장 윤리의 기준들에 의거한 반성의 대상이 될 수 있을 것이다.

하지만 이 경우에도 우리는 자기 이익과 관련된 문제만이 옳고 그름을 결정할 수 있는 유일한 사안은 아니라는 점에 유의해야만 한다. 다시 말해 자기 이익과 상호 이익의 조화와 같은 욕망의 조정에 관계된 문제가 합리적인 해결을 요하는 유일한 문제는 아니라는 것이다. 만약 우리가 해결해야만 하는 모든 규범적 문제들이 단 하나의 문제, 즉 상호 이익을 산출할 공정한 경쟁과 거래의 문제로 환원된다면, 우리는 지금까지 시장 기능이나 이기적인 개인들의 처분에 내맡겨진 적이 없었던 모든 영역, 예컨대 환경, 군비, 인권, 법률, 교육, 사회보장, 정치권력과 공직 등등을 모두 경매에 부치고, 혈액과 정자와 장기의 공정한 가격을 협의하며, 사랑과 우정과 명예를 필요에 따라 합리적으로 매매할 수 있는 체제를 갖추기만 하면 될 것이다. 그러나 이처럼 모든 것을 '사고파는' 문제로 환원하는 경제적 합리성의 일차원적 지배 질서는 당연히 '인간'을 심각히 훼손하게 될 것이다. 우리의 규범적 합리성은 자본주의적 시장과 같은 경제 행위의 영역에서 '자기 이익과 상호 이익의 조화'를 우리에게 합리적인 의무로서 부과할 수 있는 것이 사실이지만, 그러한 경제적 조정의 영역이 우리의 규범적 합리성으로 포용할 수 있는 것의 전부는 아니다. 우리의 규범적 합리성은 이기심이라는 자폐의 울타리를 걷어 내야만 하는 모든 상황, 개체성의 초월이 요구되는 모든 시간과 공간에서 인간이라는 갈림길 위의 에로스를 인도할 수 있다. 우리의 규범적 합리성은 시장화될 수 있는 영역과 그럴 수 없는 영역의 경계를 '시장 밖에서' 민주적으로 협의하기 위한 규범적 기초를 제공할 수 있으며, 나아가 생산성이나 수익성 혹은 효율성과 같은 경제적 가치 지표들이 인간 행위를 평가하는 유일무이한 척도로 자리 잡지 못하게 하는 평형추 역할을 할 수 있다.

물론 이는 결코 새로운 주장이 아니라 필자가 도구적 합리성의 비판적인 분석으로부터 끌어낸 결론을 재천명하는 것일 뿐이다. 필자는 Ⅳ장과 Ⅴ장에서 자기 이익도, 그리고 자기 이익을 효과적으로 달성하기 위한 수단으로서의 상호 이익도 '나'의 개체성을 벗어나지 못한 어떤 것이라는 점에서 도덕성의 기초가 될 수 없다고 주장했었다. 단적으로 말해서 나는 나와 호혜적인 관계를 맺고 유지할 수 있을 만큼의 부와 권력을 갖지 못한 사회적 약자들, 즉 나와의 거래를 통해 나와 동등하게 이익을 주고받을 수 없는 사람들이라고 해서 그들을 도덕적으로 고려하지 않을 수는 없다. 왜냐하면 자기 이익이나 상호 이익을 증진시키는 것보다 더 중요한 규범적 요구들이 명백히 존재하며, 바로 이 점을 고려하는 것이야말로 필자가 예시했던 합리성의 규범적인 개념들의 본래적인 핵심이기 때문이다.

일반적으로 규범적 합리성이 도구적 합리성보다 더 강한 '구속력'을 갖는 것은 바로 그런 이유 때문이다. 우리는 가령 경제적으로 합리적이지 않은 사람을 '비난'하지는 않지만, 규범적으로 합리적이지 않은 사람을 '비난'하는 경향은 매우 강하다. 다시 말해 우리는 자기 이익에 저해되는 행위를 도구적 합리성에 의거하여 '금지'하지는 않지만, 공평하지 않은 행위는 규범적 합리성에 의거하여 '금지'해야만 한다고 느낀다. 그런 의미에서 규범적으로 합리적인 판단은 규범적으로 비합리적인 선택을 배제하면서 행위자가 '하면 좋은 것'이 아니라 '해야만 하는 것'이 무엇인지를 결정하는 판단이라고 할 수 있다. 다시 말해 그것은 우리의 행위의 목표와 이유에 대한 반성적인 검토를 통해 합리적으로 금지되는 것, 즉 비합리적인 것을 배제하는 판단인 것이다.

결국 타인들의 욕망을 나의 욕망의 만족을 위한 수단으로서가 아니라 그 자체로서 공평히 배려하고 그들의 인격성 자체를 존중하기 위해 때때로 나의 이익의 직접적인 추구를 제한해야만 한다는 요구는 규범적 합리성의 우연한 부산물이 아니라 그것의 필연적이고 본질적인 구성요소이며, 그런 한에서 규범적 합리성은 이기심이라는 단 하나의 요인에 기초한 도구적 합리성보다 어떤 행위를 선택해야만 하는 이유를 더 풍부하게 제시할 수 있는 포괄적인 성격의 합리성인 것이다.

둘째, 자기 이익을 극대화하고자 하는 사람은 규범적인 합리성의 기준에 저촉되지 않는 범위 내에서 그의 경제적인 합리성을 발휘할 수 있다. 이는 첫째 조건과 다른 종류의 조건이라기보다는 차라리 그것의 소극적인 재규정이라고 할 만한 조건이다. 우리는 모두 자기 이익에 대한 욕망을 가진 존재이며, 그러한 자기 이익은 어느 정도까지는 생물학적인 자기보존, 더 나아가서는 이른바 '좋은 삶'과 직간접적으로 관련되어 있는 것이 사실이다. 따라서 우리가 우리 자신에 관하여 꽤 분명히 말할 수 있는 것들 중 하나는 우리가 때때로 이기적이며, 또 경우에 따라서는 이기적일 필요가 있다는 점이다. 또한 인간이 항상 엄숙한 금욕주의자여야 할 의무를 타고난 것이 아니라면, 이기적인 인간들 사이의 계약이나 거래는 자연스럽기까지 하다.

물론 여기에는 우리가 어떠한 방법으로도 타인들의 욕망을 무시하지 않으며 타인들을 나의 욕망을 충족시키기 위한 단순한 수단으로 취급하지 않는다는 조건이 붙어야만 한다. 따라서 가령 어떤 사람이 어떤 행위로 자신의 욕망을 충족시켰다고 할 때, 만약 그가 그러한 욕망을 충족시키려고 노력하는 과정에서 타인들의 욕망을 억압하지도 않았고 그들을 단순한 수단으로 이용하지도 않았다면, 그것도 결과적으로 우연히 그렇게 된 것이 아니라 그가 의식적으로 그런 신중함을 갖고서 그런 선택을 한 것이라면, 우리는 단지 그의 이성이 그의 욕망을 충족시키기 위한 수단으로 사용되었다는 이유만으로 그의 실천적인 추론이 불합리한 것이었다고 주장할 수는 없다. 그리고 바로 이런 이유에서 우리는 규범적 합리성이 도구적 합리성을 소극적인 방식으로 자체 내에 포용한다고 말할 수 있다. 환언하면 자기 이익의 극대화를 꾀하는 행위도 규범적인 합리성의 기준에 저촉되지 않는 한 합리적으로 요구되지도 금지되지도 않는다는 의미에서 '합리적으로 허용되는' 행위일 수 있는 것이다.

우리의 규범적 합리성은 이와 같은 방식으로 포괄적인 행위 합리성의 한 모델을 우리에게 제공한다. 하지만 그것은 단순히 개인적인 행위의 선택을 위한 척도에 그치는 것이 아니라 궁극적으로는 도구적 합리성에 의해 점점 탈도덕화된 모습으로 재편되어 가는 우리의 삶의 질서를 비판적으로 평가하기 위한 척도가 되어야만 한다. 그런 의미에서 우리가 '지금' 그리고 '여기에서' 제기해야만 하는 물음은 아마도 다음과 같은 물음일 것이다.

> 삶의 보존과 자유의 실현을 위해서 창출된 체계들인 경제, 시장의 질서들, 관료체계 등에 의해서 삶의 세계가 사물화되어지고 황폐화될 때, 이러한 역사적인 합리성의 분화과정에 수렴되어 가는 삶의 자율적 공간은 어떻게 보장되는가? 체계들의 독점적인 권한행사는 어떠한 방식으로 도덕적 관점들과 조화될 수 있는가?[6]

[6] 임홍빈, 「도덕적 합리성의 유형에 관해」, 412면.

자유주의적인 현대의 역사는 어떤 의미에서는 이러한 물음들과의 비판적인 대결을 통해 끊임없는 규범적 자기갱신을 시도해 온 과정으로 이해될 수 있을 것이다. 실제로 우리의 자유주의 사회는 바로 그와 같은 역동성에 의해, 즉 자기진단과 자기치유의 새로운 주기들을 끊임없이 만들어 냄으로써 생명과 건강을 유지해 왔다. 더욱이 우리가 어떤 하나의 정점을 향한 역사의 필연적이고 비가역적인 운동을 더 이상 믿을 수 없는 한, 그와 같은 역동성의 창조자는 바로 우리 자신일 수밖에 없다. 도구적 합리성에 의해서 주도되고 있는 우리의 삶의 일차원적인 질서는 일련의 두텁고 완고한 습속들로 이루어진 근대 이래의 가장 유력한 일상성이다. 그러나 현대라는 그림은 단색화(monochrome)가 아니다. 마찬가지로 우리의 합리성 또한 사물에 대한 도구적 통제력에 불과한 것이 아니라 근본적으로는 우리 자신에 대한 통제력, 우리 자신이 가려고 하는 방향에 대한 통제력이기도 하다. 그런 점에서 우리에게는 '자기 이익의 극대화' 말고도 해야 할 일이 많다는 데 대하여 이의를 제기할 사람은 아마도 없을 것이다.

마지막으로 필자는 여기에서 규명할 수 없었던 하나의 중대한 문제를 지적하는 것으로 이 글을 마무리하고자 한다. 그것은 바로 경제적인 체계의 규범적인 재구성이 과연 가능한지의 여부와 관련된 문제인데, 최근에는 이 문제에 대한 비관적 관점이 독일의 사회학자 니클라스 루만(Niklas Luhmann)의 체계 이론에 힘입어 사회과학적으로만이 아니라 철학적으로도 점점 더 탄탄한 입지를 구축해 가고 있다. 그리고 그러한 관점의 이론적인 근거는 도구적 합리성이 규범적 합리성과 무관한 자기준거적 체계의 역동적인 운동 논리이며, 따라서 "체계 합리성에 의해서 행위 합리성이 포섭되는 현상"[>7]은 앞으로도 더욱 가속화될 것이라는 전망 속에서 발견된다. 아닌 게 아니라 환경, 인권, 정의 등의 지구적인 의제와 관련된 실천들이 무력한 '제스처'로 보일 때마다 우리는 "국가의 행정 권력과 세계화된 시장의 자기준거적 역동성은 규범적 관점에 근거한 세계 인식 자체를 무기력하게 만드는 경향이 있다"[>8]는 사실을 새삼 실감하게 된다. 그런 점에서 경제 체계와 같은 각각의 사회 체계가 진화하는 과정을 "작자 없이(ohne Autor)" 일어나는 우연적인 과정, 즉 "스스로를 조절하는 선택(eine sich selbst konditionierende Selektion)"[>9]의 과정으로 간주하는 루만의 체계 이론은 현대 사회의 정체성을 이성적으로 재구성할 수 있으리라는 전망에 대한 심각하고도 근본적인 도전이라 할 수 있다.

우리의 삶의 세계에 대한 이와 같은 체계 이론의 접근 방식은 물론 행위 이론의 접근 방식이 남발할 수도 있는 성급한 규범주의적 처방들을 신중히 경계하도록 해 준다는 장점이 있다. 우리는 더 이상 우리가 살고 있는 세계의 정체성을 이성에 의해서 완벽히 고안된 규범적 청사진에 따라 재구성할 수 있다는 것을 믿을 수 없다. 그러한 믿음은 단적으로 말해서 기술적인 '제작 가능성(Machbarkeit)'이라는 계몽의 신화를 되뇌는 것에 다름 아닐 것이다.[>10] 확실히 우리가

>7 이에 관해서는 임홍빈, 『기술문명과 철학』, 문예출판사, 서울 1995, 167면 참조.

>8 임홍빈, 「체계합리성, 행위합리성, 공공성」, 임홍빈 외, 『동서철학에 나타난 공적합리성 논쟁』, 철학과현실사, 서울 2005, 447면.

>9 N. Luhmann, *Soziale Systeme: Grundriß einer allgemeinen Theorie*, Suhrkamp Verlag, Frankfurt am Main 1988, 589면.

>10 아르노 바루치(Arno Baruzzi)는 인간중심주의적이고 조작주의적인 이념으로 해석되기도 했던 현대적 '자율'의 여러 실현태들을 '만들 수 있는 것은 만들고, 아직 만들 수 없는 것은 만들 수 있게 만들라'라는 명법으로 표현되는 '제작 가능성'의 개념에 의거해서 비판적으로 해부한 바 있다. 이에 관해서는 A. Baruzzi, *Alternative Lebensform?*, Verlag Karl Alber GmbH, Freiburg/München 1985: 양우석 역, 『대안적 삶의 형식: 기술 시대 인간의 삶에 대한 한 반성』, 서광사, 서울 1996 참조.

우리의 행위를 통해 세계를 이성이라는 거푸집 안에다 부어 넣고 그 모양대로 '주조'할 수 있다고 믿는다면, 이는 교만하고 어리석은 믿음임에 틀림없다. 필자는 그런 점에서 행위 합리성의 적극적인 역할을 부인하는 체계 이론의 의의를 충분히 인정하지만, 그럼에도 그것이 지닌 비관적 함축에는 결코 간과할 수 없는 심각한 문제가 있다고 생각한다.

루만의 말대로 체계 합리성이라는 것이 정말로 일체의 규범적인 개입에 무관심할 뿐만 아니라 그것에 의해 아무런 영향도 받지 않는 비인격적 실체의 기능적인 속성이라고 가정해 보자. 그런 상황이라면 우리는 제국주의적으로 팽창해 가는 경제 체계의 기능적인 '자기준거' 앞에서도 태연할 수밖에 없을 것이다. 왜냐하면 "목적 합리성의 형식이 경제 부문을 넘어서 모든 사회의 하부 체계들에 이르기까지 확장될 때, 체계 이론은 이를 다만 관찰할 수 있을 뿐">11이기 때문이다. 그렇다면 우리는 예컨대 시장이 대학생들에게 완성된 리포트를 검색해서 제공하고, 배우자를 찾는 젊은이들에게 '등가교환'을 주선해 주고 있는 지금의 현실을 망연히 바라보고 있어야만 할까? 나아가 개성과 창조성과 인간관계의 영역을, 감정과 사고의 자발성을 요하는 일체의 비(非)시장적 영역을 시장이 점령해 버려도 우리는 그와 같은 경제 체계의 '자기준거'에 새삼스럽게 놀랄 필요는 없는 것일까? 피와 정자와 장기가 청량음료와 함께 판매대 위에 올려지고, 정치적인 결정이나 사회적인 인정마저 그것을 필요로 하는 모든 수요자에게 공급될 수 있는 경제적 '서비스'가 되어도 우리는 경제

>11 임홍빈, 「체계합리성과 절차적 합리성: 루만의 체계 이론에 대한 하버마스의 비판을 중심으로」, 『철학연구』 제58집, 대한철학회, 1996, 260면.

체계가 여전히 '자기준거적'이게 하기 위해 그와 같은 '자기준거'에 저해되는 일체의 규범적인 개입을 삼가야 하는 것일까?

필자는 기술적인(descriptive) 분석을 가장한 체계 이론의 실증주의적 어법 속에 어쩌면 현대성의 선이해(先理解)에서 파생된 모종의 규범적인(normative) 지향이 용해되어 있을 수도 있다고 생각한다. 왜냐하면 예컨대 경제 체계의 자기준거에 관한 주장은 "계산 가능성과 정량화의 대원칙에 의해서 효용성과 생산성 등이 측량되고, 이는 사회 전체의 행복을 증진시킨다는 현대 자유주의의 배후 논리로 구조화되어 있는 것">12일 수도 있기 때문이다. 하지만 '인간'이 실종된 경제 '체계'의 모순이나 병리가 기능적인 질서들을 주재하는 '보이지 않는 손'에 의해 자동적으로 치유되리라고 기대할 수 없는 한 인간이 가진 규범적 잠재력에 의존하지 않고서 어떻게 자유주의 사회의 자기교정능력을 신뢰할 수 있겠는가? 인간이 가진 규범적 잠재력을 인정한다는 것은 더 이상 세계가 인간의 형상대로 빚어질 수 있다고 단언하는 것이 아니라 무엇보다도 '행위자'로서의 인간을 승인한다는 것이다. 페터 코슬로브스키(Peter Koslowski)의 말대로 "경제 행위를 하는 사람은 익명의 경제적인 힘들에 의해서 '조종되는 객체(ein Gehandelter)'가 아니라 엄연히 한 사람의 행위자(ein Handelnder)"이며, "경제는 오직 경제 법칙에 의해서만 지배되는 것이 아니라 바로 인간들에 의해서 규정된다.">13 이 점을 승인할 때 우리는 "윤리적인 결정과 경제적인 결정 사이에 건널 수 없는 심연 같은 것은 존재하지 않는다">14는 점도 승인할 수 있을 것이다.

>**12** 임홍빈, 「체계합리성, 행위합리성, 공공성」, 451면.

>**13** P. Koslowski, *Prinzipien der Ethischen Ökonomie: Grundlegung der Wirtschaftsethik und der auf die Ökonomie bezogenen Ethik*, J. C. B. Mohr, Tübingen 1994, 304면.

필자는 현재로서는 행위 합리성의 적극적인 역할을 부인하는 최근의 이론적 경향에 대하여 이와 같은 얕은 인상을 피력할 수 있을 뿐이다. 합리성이 더 이상 인간의 것이 아니라 비인격적인 체계들의 것이라는 주장이 인간 자신이 초래한 행위 합리성의 위기를 극적으로 표현하기 위한 일종의 메타포인지, 아니면 그 이상의 어떤 실체적인 의미를 갖는 진단인지의 문제는 계속 탐구해야 할 과제로 남겨 두고자 한다.

>**14** 같은 책, 303면.

참고문헌

1. 국내 학자들의 논문 및 저서

노영란, 『도덕성의 합리적 이해』, 철학과현실사, 서울 2002.

박이문, 「도덕적 개념으로서의 합리성」, 『철학과 현실』 제16권, 철학문화연구소, 서울 1993, 253~69면.

박정순, 「현대 윤리학의 사회계약론적 전환」, 한국사회·윤리연구회 편, 『사회계약론 연구』, 철학과현실사, 서울 1993, 173~207면.

______ , 「고티에의 합의도덕론과 그 정치철학적 위상」, 차인석 외, 『사회철학대계』, 제2권, 민음사, 서울 1993, 346~418면.

박홍기, 「중용의 합리성과 경제적 합리성」, 장승구, 윤형식, 김석수, 정해창, 박홍기, 『중용의 덕과 합리성』, 청계출판사, 서울 2004, 231~89면.

임홍빈, 「도덕적 합리성의 유형에 관해」, 『철학과 현상학 연구』 제7권, 한국현상학회, 1993, 391~415면.

______ , 『기술문명과 철학』, 문예출판사, 서울 1995.

______ , 「체계합리성과 절차적 합리성: 루만의 체계 이론에 대한 하버마스의 비판을 중심으로」, 『철학연구』 제58집, 대한철학회, 1996, 253~74면.

______ , 「체계합리성, 행위합리성, 공공성」, 임홍빈 외, 『동서철학에 나타난 공적 합리성 논쟁』, 철학과현실사, 서울 2005, 447~70면.

2. 외국 학자들의 논문 및 저서

Acham, K., "Über einige Rationalitätskonzeptionen in den Sozialwissenschaften", in: H. Schnädelbach(Hrsg.), *Rationalität: Philosophische Beiträge*, Suhrkamp Verlag, Frankfurt am Main 1984, 32~69면.

Apel, K.-O., *Transformation der Philosophie*, Bd. 2, Suhrkamp Verlag, Frankfurt am Main 1973.

______, "Lässt sich ethische Vernunft von strategischer Zweckrationalität unterscheiden? Zum Problem der Rationalität sozialer Kommunikation und Interaktion", in: W. v. Reijen u. K.-O. Apel, *Rationales Handeln und Gesellschaftstheorie*, Germinal Verlag, Bochum 1984, 23~79면.

Baier, K., *The Moral Point of View: A Rational Basis of Ethics*, Cornell University Press, Ithaca 1958.

Baruzzi, A., *Alternative Lebensform?*, Verlag Karl Alber GmbH, Freiburg/München 1985: 양우석 역, 『대안적 삶의 형식: 기술 시대 인간의 삶에 대한한 반성』, 서광사, 서울 1996.

Bauman, Z., *Freedom*, Open University Press, Maidenhead 1988: 문성원 역, 『자유』, 이후, 서울 2002.

Braverman, H., *Labor and Monopoly Capital: The Degradation of Work in the Twentieth Century*, Monthly Review Press, New York & London 1974: 이한주, 강남훈 역, 『노동과 독점자본: 20세기에서의 노동의 쇠퇴』, 까치, 서울 1998.

Brown, H. I., *Rationality*, Routledge, London & New York 1988.

Downs, A., *An Economic Theory of Democracy*, HarperCollins Publishers, New York 1957.

Dworkin, G., "Autonomy", in: R. E. Goodin & P. Pettit(eds.), *A Companion to Contemporary Political Philosophy*, Basil Blackwell, Oxford 1993, 359~65면.

Ewen, S., *Captains of Consciousness: Advertising and the Social Roots of the Consumer Culture*, McGraw-Hill Book Company, New York 1976: 최현철 역, 『광고와 대중소비문화』, 나남, 서울 1998.

Frankena, W. K., *Ethics*, Prentice-Hall, Inc., New Jersey 1963.

Frankfurt, H. G., "Freedom of the Will and the Concept of a Person", in: G. Watson(ed.), *Free Will*, Oxford University Press, Oxford 1982, 81~95면.

Gauthier, D., "Morality and Advantage", *Philosophical Review*, Vol. 76, No. 4, 1967, 460~75면.

_____, *Morals by Agreement*, Clarendon Press, Oxford 1986.

Gorz, A., "New Agenda", in: *New Left Review*, No. 184, 1990, 37~46면.

_____, "Ökonomische Rationalität und Lebenswelt", in: A. Honneth(Hrsg.), *Pathologien des Sozialen: Die Aufgaben der Sozialphilosophie*, Fischer Taschenbuch Verlag, Frankfurt am Main 1994, 235~59면.

Harsanyi, J. C., "Morality and the Theory of Rational Behaviour", in: A. Sen & B. Williams(eds.), *Utilitarianism and beyond*, Cambridge University Press, Cambridge 1982, 39~62면.

Hobbes, Th., *Leviathan*, Clarendon Press, Oxford 1958.

Höffe, O., *Sittlich-politische Diskurse: philosophische Grundlagen, politische Ethik, biomedizinische Ethik*, Suhrkamp Verlag, Frankfurt am Main 1981.

_____, "Sittlichkeit als Rationalität des Handelns?", in: H. Schnädel-bach(Hrsg.), *Rationalität: Philosophische Beiträge*, Suhrkamp Verlag, Frankfurt am Main 1984, 141~74면.

_____, *Immanuel Kant*, 2. Aufl., C. H. Beck, München 1988.

Horkheimer, M. u. Adorno, Th. W., *Dialektik der Aufklärung*, Fischer Taschenbuch Verlag, Frankfurt am Main 1980.

Jonas, H., *Materie, Geist und Schöpfung: Kosmologischer Befund und kosmogonische Vermutung*, Suhrkamp Verlag, Frankfurt am Main 1988.

Kant, I., *Kritik der praktischen Vernunft*, hrsg. von K. Vorländer, 9. Aufl., Felix Meiner Verlag, Hamburg 1929.

_____, *Grundlegung zur Metaphysik der Sitten*, hrsg. von K. Vorländer, 7. Aufl., Felix Meiner Verlag, Hamburg 1994.

Korsgaard, C. M., "The origin of value and the scope of obligation, in: O. O'Neill(ed.), *The Sources of Normativity*, Cambridge University Press, Cambridge 1996, 131~66면.

Koslowski, P., *Prinzipien der Ethischen Ökonomie: Grundlegung der Wirtschaftsethik und der auf die Ökonomie bezogenen Ethik*, J. C. B. Mohr,

Tübingen 1994.

Kymlicka, W., "The social contract tradition", in: P. Singer(ed.), *Companion to Ethics*, Basil Blackwell, Oxford 1993, 186~96면.

Luhmann, N., *Soziale Systeme: Grundriß einer allgemeinen Theorie*, Suhrkamp Verlag, Frankfurt am Main 1988.

Marcuse, H., *Die Gesellschaftslehre des sowjetischen Marxismus*, Herbert Marcuse Schriften, Bd. 6, Suhrkamp Verlag, Frankfurt am Main 1989.

______ , *Der eindimensionale Mensch: Studien zur Ideologie der fortgeschrittenen Industriegesellschaft*, Herbert Marcuse Schriften, Bd. 7, Suhrkamp Verlag, Frankfurt am Main 1989.

Marx, K., "Lohnarbeit und Kapital", in: Marx–Engels Werke, Bd. 6, Dietz Verlag, Berlin 1982, 397~423면.

______ , "Auszüge aus Mills "Élémens d' économie politique"", in: Marx-Engels Werke, Bd. 40, Dietz Verlag, Berlin 1985, 443~63면.

______ , Ökonomisch-philosophische Manuskripte aus dem Jahre 1844, in: Marx-Engels Werke, Bd. 40, Dietz Verlag, Berlin 1985, 465~588면.

______ , *Das Kapital: Kritik der politischen Ökonomie*, Marx-Engels Werke, Bd. 23, Dietz Verlag, Berlin 1987.

Midgley, M., "The origin of ethics", in: P. Singer(ed.), *Companion to Ethics*, Basil Blackwell, Oxford 1993, 3~13면.

O' Neill, O., "Kantian ethics", in: P. Singer(ed.), *Companion to Ethics*, Basil Blackwell, Oxford 1993, 175~85면.

Parfit, D., "Is Common–Sense Morality Self–Defeating?", in: *The Journal of Philosophy*, Vol. 76, No. 10, Oct. 1979, 533~45면.

Piore, M. J. & Sable, C. F., *The Second Industrial Divide: Possibilities for Prosperity*, Basic Books, New York 1984.

Plato, *Politeia*, in: J. Burnet(ed.), Platonis Opera, Vol. 4, Oxford Classical Texts, Oxford University Press, Oxford 1902: 박종현 역, 『국가』, 서광사, 서울 1997.

Plessner, H., "Homo absconditus", in: Helmuth Plessner Schriften VIII,

Suhrkamp Verlag, Frankfurt am Main 1983, 353~66면.

Rawls, J., *A Theory of Justice*, Revised Edition, The Belknap Press of Harvard University Press, Cambridge 1999.

______, "Kantian Constructivism in Moral Theory", in: *The Journal of Philosophy*, Vol. 77, No. 9, Sep. 1980, 515~72면.

______, *Political Liberalism*, Columbia University Press, New York 1993.

Rayond, D. C., "Work", in: L. C. Becker and Ch. B. Becker(eds.), *Encyclopedia of Ethics*, Vol. 3, Routledge, New York & London 2001, 1827~32면.

Renaut, A., *L' individu. Réflexions sur la philosophie du sujet*, Hatier, Paris 1995: 장정아 역, 『개인: 주체철학에 관한 고찰』, 동문선, 서울 2002.

Schnädelbach, H., "Einleitung", in: H. Schnädelbach(Hrsg.), *Rationalität: Philosophische Beiträge*, Suhrkamp Verlag, Frankfurt am Main 1984, 8~14면.

Schwartz, A., "Sinnvolle Arbeit", in: A. Honneth(Hrsg.), *Pathologien des Sozialen: Die Aufgaben der Sozialphilosophie*, Fischer Taschenbuch Verlag, Frankfurt am Main 1994, 140~59면.

Sen, A., *On Ethics and Economics*, Basil Blackwell, Oxford 1992.

______, *Inequality Reexamined*, Harvard University Press, Cambridge 1995.

Singer, P., *Practical Ethics*, Cambridge University Press, Cambridge 1993.

______, *How Are We To Live?: Ethics in an age of self-interest*, Oxford University Press, Oxford 1997.

Slater, D., *Consumer Culture and Modernity*, Polity Press, Cambridge 1997.

Sterba, J. P., *Three Challenges to Ethics: Environmentalism, Feminism, and Multiculturalism*, Oxford University Press, Oxford 2001.

Taylor, Ch., *Hegel and Modern Society*, Cambridge University Press, Cambridge 1980.

______, "Responsibility for Self", in: G. Watson(ed.), *Free Will*, Oxford University Press, Oxford 1982, 111~26면.

______, "Atomism", in: Ch. Taylor, *Philosophy and the Human Sciences: Philosophical Papers 2*, Cambridge University Press, Cambridge 1985, 187 ~210면.

_____, *The Ethics of Authenticity*, Harvard University Press, Cambridge 1992.

_____, "Die Unvollkommenheit der Moderne", in: A. Honneth(Hrsg.), *Pathologien des Sozialen: Die Aufgaben der Sozialphilosophie*, Fischer Taschenbuch Verlag, Frankfurt am Main 1994, 73~106면.

_____, *Modern Social Imaginaries*, Duke University Press, Durham 2004.

Taylor, P. W., *Principles of Ethics*, Dickenson Publishing Company, Inc., Belmont 1975: 김영진 역, 『윤리학의 기본원리』, 서광사, 서울 1985.

Trigg, R., *Ideas of Human Nature: An Historical Introduction*, Basil Blackwell, Oxford 1988.

Watson, G., "Free Agency", in: G. Watson(ed.), *Free Will*, Oxford University Press, Oxford 1982, 96~110면.

Weber, M., *Gesammelte Aufsätze zur Wissenschaftslehre*, 2. Aufl., J. C. B. Mohr, Tübingen 1951.

_____, *Wirtschaft und Gesellschaft: Grundriss der verstehenden Soziologie*, 4. Aufl., J. C. B. Mohr, Tübingen 1956.

찾아보기